SUR LES

PROCÉDÉS INDUSTRIELS.

APERÇUS

SUR LES

PROCÉDÉS INDUSTRIELS,

URGENCE DE

L'ORGANISATION SOCIÉTAIRE.

PAR JUST MUIRON.

2e. ÉDITION.

PARIS,

AU BUREAU DE LA PHALANGE,

RUE JACOB, 54.

1840.

APERÇUS

SUR LES

PROCÉDÉS INDUSTRIELS.

Introduction.

« L'ÉCONOMIE POLITIQUE ne considère l'agriculture, » les arts mécaniques, le commerce, les finances » publiques, l'économie privée, etc., que dans leurs » rapports avec la richesse générale et particulière, *et* » *non dans les procédés qui leur sont propres.* »

Ainsi exprimée par M. J.-B. Say, professeur officiel, la spéculation de l'économiste demeurant purement abstraite ne conduirait jamais à des résultats positifs. Elle ne donnerait point la solution, mais seulement l'énoncé du grand problème social qu'avant tout elle doit avoir en vue. Posons en fait, de prime abord, que les richesses sont dues aux procédés qui les produisent, et que leur utilité dépend des procédés de leur distribution et de leur consommation. Mettre à découvert les vices des procédés actuels, signaler la cause de ces vices, trouver et introduire des procédés meilleurs, voilà la question importante. Il s'agit de l'aborder par toutes ses faces, d'y satisfaire en tous ses points.

L'Économie politique, telle qu'on l'a définie jusqu'ici, est donc une science fort incomplète; le TRAITÉ DES PROCÉDÉS INDUSTRIELS est son complément nécessaire. Il doit enseigner l'art de mettre en pratique les vérités professées dans les chaires publiques, au Conservatoire, à l'Athénée, au Collége de France, à l'Institut; il doit étendre, autant qu'elle peut l'être, la sphère de ces vérités.

Et quoi de plus urgent que cette salutaire application pratique? Partout, nonobstant le grand accroissement des richesses, la misère des travailleurs se maintient extrême. Le sort des classes inférieures de la société demeure intolérable chez les nations les plus somptueuses et les plus puissantes. Alors même qu'ils ne manquent pas de travail, les ouvriers des manufactures et des champs, en Angleterre surtout, ne peuvent vivre avec leur salaire journalier. Les riches doivent y ajouter un salaire accessoire, une taxe des pauvres, qui absorbe 200 millions. En Irlande, les paysans affamés ne se bornent pas à la menace du pillage; ils attaquent, pillent et tuent. Dans tous les pays, le nombre des nécessiteux s'accroît chaque jour. L'aspect des richesses multipliées dans les mains de quelques familles émeut incessamment la foule que les privations tourmentent. Tant de luxe ne fait qu'irriter ses regrets. Elle s'instruit, et se demande ce qui l'empêche de participer elle-même à l'aisance. Elle se sent forte, car elle se compose des quatre cinquièmes de la population, et sait par expérience tout ce qu'elle peut. On ne parviendra plus à le lui faire oublier.

Aussi de jour en jour l'attitude des peuples devient plus effrayante. Elle présage un bouleversement plus affreux que les violences populaires de 1793. Peut-être n'est-il pas éloigné, le moment où la force militaire, seule voie de salut restée aux riches, ne sera pas moins insuffisante que les insinuations morales et religieuses, pour faire digue au torrent, neutraliser tant d'éléments de terribles catastrophes (1).

Comment ne pas prévoir la jonction du soldat avec le prolétaire, pour dépouiller le puissant qu'ils envient? Elle doit être prochaine, cette alliance, aujourd'hui que les temps de fascination sont passés. Désormais le prolétaire et le soldat voient, comme la haute classe l'a vu de tout temps, que sans leur appui et leur travail le puissant n'est rien, ne peut disposer de rien. Ils savent,

(1) Il importe de ne pas perdre de vue que ceci a été publié pour la première fois en 1824. La prévision a été bien près de se réaliser, ou plutôt s'est réalisée en partie six ans après. Si la *révolution de* 1830 *a été seulement politique* dans ses résultats, elle n'a pas moins montré comment peut s'opérer le bouleversement qu'amènerait le cours naturel des choses, si l'on n'y mettait ordre bientôt.

comme lui, que, pour s'emparer des biens qu'ils convoitent, il leur suffit de s'unir et de vouloir. La leçon que donne l'Europe depuis cinquante années, ne saurait pas plus être perdue pour les peuples que pour les gouvernants. Habituée à se ranger du côté où l'or brille, la tourbe se lassera de tendre la main pour le recevoir; elle étendra la main pour le prendre. Qui pourrait en douter, quand les moyens connus et usités dans le but d'arrêter les progrès de la démoralisation, ne font évidemment que créer des dépravations nouvelles, sans remédier aux dépravations anciennes? Le siècle passé avait des Tartuffes souillant le langage religieux, et suscitant la ruine d'un homme dans sa vie privée, dans ses relations d'ami, d'époux, de père. A ce caractère d'hypocrisie et de trahison, toujours existant comme au temps de Molière, le siècle qui s'écoule n'ajoute-t-il pas le caractère, non moins odieux, des Tartuffes politiques profanant le langage de la justice, et suscitant la ruine de l'homme dans sa vie publique, dans ses relations de citoyen?

Cependant le siècle se vante de ses lumières, d'une civilisation avancée, d'un progrès que désormais rien ne saurait arrêter dans sa marche. Avec de si hautes prétentions, comment se permettre la moindre négligence dans la recherche des moyens d'enlever l'indigent aux affres du dénûment, de le faire servir de plein gré les exigences du bon ordre, en lui assurant, par là même, la portion de jouissances à laquelle sa qualité d'homme social lui acquiert de justes droits?

Ce n'est point du sein des illusions politiques, des rêveries légitimistes, constitutionnelles ou républicaines, dans le cercle vicieux desquelles les grandes nations tournent encore, qu'on trouvera les voies réelles de la liberté et de l'ordre. Le dernier demi-siècle a trop prouvé combien sont vaines dans leurs résultats, les élucubrations les plus laborieuses de la tribune et de la presse. Assez de savantes ou creuses controverses sur la constitution de l'État, la pondération des pouvoirs, le système électoral, les droits et les devoirs du citoyen. Qu'importent, au fond, ces remuements opérés sans fin dans les services publics, pour un peuple dont les dix-neuf vingtièmes n'en croupissent pas moins dans l'incapacité de saisir une idée quelque peu élevée, de concevoir une vue large sur aucun point de ce chaos d'oppositions parlementaires, de discussions de journaux, de doctrines gouvernementales, dont il ne sort rien au profit direct des masses populaires. Des esprits dont les bonnes intentions ne sauraient être douteuses, ont imaginé, dans ces derniers temps, de rendre les masses aptes à ces débats, capables de goûter ces doctrines, en prodiguant à tous l'enseignement primaire. Spéculation vide pour former des hommes sociaux. Avant d'appeler une génération aux écoles, faites donc qu'elle ne manque ni de pain, ni de vêtements, ni de logement; faites qu'elle ne soit pas réduite à ne pouvoir distraire aucune de ses heures du travail des champs ou de l'atelier. Les besoins qui doivent être satisfaits en premier ordre, sont ceux du corps et des sens. Aucun fait n'est plus évident. Le développement intellectuel et ses exigences ne viennent qu'à la suite du développement physique. Le matériel d'abord, l'aisance graduée assurée à toutes les classes, à tous les âges et sexes; puis l'instruction, les qualités morales se propageront avec étendue et rapidité; car chacun alors en sentira le prix, voudra les acquérir; chacun voudra l'ordre, désormais reconnu de tous comme le meilleur garant des jouissances et de la liberté individuelles.

Sachant quelles voies peuvent enfin conduire à cette destinée heureuse, nous nous sommes fait un devoir d'appeler sur elles l'attention des esprits désireux du bien.

Nos aperçus, adressés à eux seuls, seront coordonnés aux principes admis en économie politique. Constatant d'abord le triste sort actuel des hommes, femmes et enfants dans la société, nous signalerons les causes des maux qui les accablent; et pour indiquer les remèdes naturels, il arrivera qu'en effet nous ne ferons que développer les procédés propres à l'exercice heureusement combiné de toutes les industries, de tout ce qui concourt à former, distribuer, consommer les richesses.

CLASSEMENT

DES PROCÉDÉS INDUSTRIELS.

Deux sortes de procédés constituent l'économie pratique, règlent la production, la distribution, la consommation des richesses, et subviennent aux divers besoins de la vie.

Les uns, dont nous ne nous proposons point l'examen, sont les procédés de l'art. Ils sont spéciaux à chaque branche d'industrie, et comportent autant de traités particuliers qu'il y a de branches différentes.

Les procédés dont il sera traité dans ces essais, sont communs à toutes les branches, et consistent dans les dispositions sociales qui régissent l'action industrielle.

Classons-les en trois divisions, et nommons-les :

1. *Procédé de morcellement ou isolement :* c'est le mode d'exercice de l'industrie, généralement usité dans l'état actuel des sociétés. Il abandonne chaque individu à ses impulsions privées et nécessairement incohérentes; il tient les intérêts privés en opposition les uns avec les autres, l'intérêt individuel en opposition avec l'intérêt collectif; de telle sorte que chacun ne peut se procurer ce qui lui est nécessaire ou agréable, qu'en recourant plus ou moins à la spoliation d'autrui.

2. *Le procédé mixte*, admettant quelques emplois

partiels du 3e. mode, dit *sociétaire,* et maintenant pour base le 1er. mode, dit *morcelé,* est en quelque sorte la transition de l'un à l'autre. Quoique très-restreint dans ses emplois, ce procédé mixte est plus fréquemment usité depuis quelques années : on l'observe dans les compagnies d'exploitation, d'assurances, et autres, qui se multiplient chaque jour.

3. *Procédé sociétaire;* mode d'exercice de l'industrie, dans lequel chaque individu suit spontanément des impulsions concordantes. Moyennant ce procédé, les intérêts privés, loin d'être en opposition entre eux et avec l'intérêt général, se combinent de telle manière qu'il en résulte la plus grande abondance, et que chaque homme, femme, enfant, peut se procurer les choses qui lui sont utiles ou agréables, sans aucune lésion des intérêts d'autrui, mais en participant aux produits en raison exacte de son concours à la production.

Comme Montesquieu, nous pourrions dire :

Le principe du procédé de morcellement est l'ARBITRAIRE, comme la *crainte* est le principe du gouvernement despotique ;

La GARANTIE est le principe du procédé mixte, comme l'*honneur* est le principe du gouvernement monarchique ;

La JUSTICE est le principe du procédé sociétaire, comme la *vertu* est le principe du gouvernement républicain.

PROCÉDÉ DE MORCELLEMENT.

Les penseurs, les sages, les philosophes de toutes les bannières ont vu la cause première du mal dans l'égoïsme, véhémente passion qui entraîne l'homme à tout rapporter à soi, à vouloir jouir de tout ce qui flatte ses sens, son cœur, son esprit, et à se procurer cette jouissance par tous les moyens, bons ou mauvais, qui sont à sa portée.

Admettons provisoirement cette opinion générale sur la cause du mal; et comme on connaît l'arbre à ses fruits, observons les fruits que donne l'*arbre du morcellement industriel,* pour juger quelle en est la nature, bonne ou mauvaise.

Les faits parlent : dans le régime morcelé, nous voyons partout le dernier des mercenaires frustrer ou spolier son maître en ne faisant pas ou faisant mal le service convenu et payé. Le riche spolie le mercenaire en n'accordant qu'un salaire au-dessous de la juste valeur du travail fait. Le marchand rançonne l'acheteur, fait banqueroute au prêteur, machine la hausse ou la baisse des denrées, au détriment de ceux qui les consomment ou les produisent. La femme spolie le mari, l'enfant spolie le père, le frère spolie la sœur, et réciproquement. Les rares exceptions qui peuvent être remarquées ne font que confirmer la règle. Le plus souvent les spoliations sont tellement subtilisées, tellement habituelles et tolérées, que l'œil même de celui qui les commet ne les aperçoit pas.

Ainsi façonné dès son berceau à voir dans la spoliation la voie généralement suivie et à peu près seule praticable pour satisfaire les désirs, les besoins qui le pressent, l'homme, quelquefois à son insu, se laisse entraîner à l'essor subversif de l'égoïsme, et il s'y laisse entraîner parce que cet essor est la conséquence nécessaire du *morcellement industriel.* Démontrons :

Le *morcellement* consiste dans la distribution des individus pour l'exercice de l'industrie, pour opérer la production, la circulation et la consommation des richesses, en petits ménages réduits au moindre nombre possible de consorts. Chaque ménage se compose de la réunion du père, de la mère, de leurs enfants, et gère ses intérêts en les tenant isolés, opposés aux intérêts d'autrui. Considéré sous ce rapport, le ménage ne constitue, à proprement parler, qu'un *individu composé*, dont encore les propres membres ont respectivement des intérêts distincts et contradictoires, de même que les intérêts des ménages sont contradictoires entre eux.

Dans cette divergence des intérêts, aucun moyen n'existe d'assurer à chacun sa part des produits en juste proportion de son concours à la production; chacun ne peut donc que songer à ses besoins individuels, à retirer ou se réserver le plus possible des choses qu'exige la satisfaction de ces besoins. On sent que l'on n'évitera pas d'être spolié si l'on n'est spoliateur; on voit que le plus adroit ou le plus fort fait invariablement la loi; on devient forcément égoïste en essor subversif.

Pour concevoir la possibilité de la tendance au bien avec le morcellement, il a fallu, en l'organisant comme base sociale, partir de la supposition que, dans ce régime, chaque membre de la société, chaque chef de ménage, a suffisamment d'aptitude et de vertu pour la bonne gestion des affaires, la bonne exécution des travaux, la bonne éducation des enfants, la juste répartition entre eux, sa femme et lui, du revenu patrimonial et industriel. Si l'on n'a point raisonné sur cette supposition, on n'a point raisonné du tout, car en dehors d'elle et dans le morcellement on ne saurait absolument imaginer aucune chance d'ordre social.

Or, il est trop notoire que, le plus souvent, sur trente hommes ou femmes, on ne trouve pas un seul chef de ménage en état de remplir dans leur ensemble les devoirs sur l'accomplissement desquels la tendance au bien a été supposée.

Ici le ménage n'entend rien à l'économie privée, à la conduite des affaires ; là il est si mauvais travailleur, si lent dans l'action, qu'il ne peut trouver de l'ouvrage. Les uns, par suite de l'exiguité du gain, s'exténuent, ruinent leur santé, meurent dans les fatigues, dans les privations forcées ou volontaires. Les autres se livrent à une telle dissipation, à de si folles entreprises, que, bientôt dépourvus de tout, ils laissent dans le dénûment les descendants, ascendants et collatéraux qu'ils devaient soutenir.

Au lieu de pécher ainsi par impéritie, les ménages sont-ils pourvus d'aptitude? le rôle change, mais c'est pour aggraver le mal. Alors leur égoïsme s'applique à mettre à profit la sottise des étourdis, la débonnaire facilité des simples, pour tirer d'eux, à peu de frais, ce qui coûte beaucoup d'ennuis et de peine quand on le fait soi-même.

Alors aussi l'*arbitraire* devient nécessairement règle générale de conduite, et le morcellement industriel n'offre aucun moyen suffisant de prémunir l'ignorance contre la perfidie. La conduite du ménage ignorant est arbitraire en sens négatif, parce qu'on ne lui a point enseigné ni pu lui enseigner et faire sentir ses vrais intérêts, le guider dans les voies équitables et sûres pour les bien servir. La conduite du ménage perfide est arbitraire en sens positif, parce qu'on ne peut l'éclairer, la rendre patente à tous les yeux, pénétrer sous le voile d'honnêteté dont elle se couvre, et parce que dans le morcellement les voies de l'arbitraire produisent généralement beaucoup plus de profit que les voies de l'équité.

Se faire illusion sur ce triste état de choses, croire

le mal moins réel que ces faits irréfragables ne le présentent; penser que la vertu, la bonne foi, l'intérêt personnel même ont moins d'impuissance contre un tel débordement de vices, c'est spéculer sur la plus vaine utopie. C'est imiter le médecin qui, refusant de tâter le pouls, d'examiner de près les symptômes, s'arrêterait dès l'abord à supposer que la fièvre est absente, que tout secours est inutile, que le malade est en santé.

Les symptômes du mal-être du corps social ne sauraient être scrutés de trop près et avec trop de rigueur. Entrez dans un ménage quelconque, observez dans la rue ou dans les champs : ce n'est partout que douleur physique ou morale. C'est grand hasard quand on parvient à découvrir un individu satisfait dans tout son être, sous le triple rapport des sens, du cœur et de l'esprit; et dans la foule de ceux qui souffrent, il n'en est peut-être aucun qui ne soit redevable de sa souffrance au régime du morcellement.

Ce régime, par la propriété qui le caractérise de mettre les intérêts individuels aux prises entre eux et avec l'intérêt collectif, est, ainsi que nous le ferons voir, la vraie source d'où découlent tous les fléaux d'indigence, de fourberie, d'oppression, d'épidémies dont nous sommes sans cesse tourmentés. La plupart des maladies, et d'abord les virus contagieux, ne se propagent que par suite des grandes difficultés que le morcellement oppose à un système de quarantaines générales, dans lequel, l'état de santé de chaque individu étant soigneusement constaté à chaque instant, tout contact serait interdit entre le malade et l'homme sain, jusqu'à ce qu'une guérison complète eût fait cesser le danger de leurs relations d'industrie et de plaisir.

De longs siècles d'expérience ont prouvé que, de tous les moyens tentés par la législation, les gouvernants et les sages, pour remédier aux désordres nés du morcellement, les plus efficaces n'ont abouti qu'à de légères atténuations du mal. En France, par exemple, il est certain que les paysans ne sont plus exposés à se voir privés violemment de leurs récoltes par la force brutale, abusés par d'insidieux mensonges, contraints de se rendre aux corvées, ainsi que cela se pratiquait sous le règne des seigneurs châtelains. Mais si les formes de l'assujettissement sont quelque peu adoucies, cesse-t-il d'être au fond le même? Le travail du paysan est toujours, comme au 12e. siècle, forcé par le besoin; la meilleure part de ses produits est perdue pour lui : voisins, marchands, gens de loi, tous ne s'attachent qu'à le tromper et le gruger; et la force militaire est là, prête à agir, s'il tarde à s'exécuter de plein gré. Le sort de tout industrieux qui n'est pas chef de manufacture, de maison de commerce ou autre établissement, se rapproche plus ou moins du sort du paysan; parfois il est plus misérable.

INDIGENCE.

Les premiers besoins de la vie sont la satisfaction des cinq sens. La lésion forte ou quelque peu prolongée du sens du *tact*, ou du sens du *goût*, est toujours suivie de la mort. Le grand froid, l'excessive chaleur, un coup violent, le manque de subsistances, ne sont que des lésions sensuelles, et ces lésions nous font infailliblement périr. Si la lésion des sens du tact ou du goût est faible, momentanée; si l'on est plus ou moins privé de leur exercice, de leur satisfaction, ou de celle des trois autres sens, *vue*, *ouïe*, *odorat*, alors on conserve la vie; mais ce n'est qu'une vie plus ou moins incomplète.

En spéculant ainsi sur les sens, nous n'entendons point qu'ils soient les uniques éléments de la vie; ce ne sont, à proprement parler, que ses éléments matériels. Nous reconnaissons de plus les éléments vitaux, nommés sentiments ou affections, facultés d'aimer, de raisonner, etc.; mais, à nos yeux, les appétits des sens sont les premiers, ou, si l'on veut, les plus pressants besoins de notre existence. Il est toujours plus urgent de s'assurer les choses nécessaires à l'exercice du sens du goût, par exemple, que de s'assurer les occasions d'exercice des facultés affectives ou spirituelles. Pour pouvoir jouir de l'amitié, briller par le raisonnement, il faut, avant tout, ne pas se laisser mourir de faim.

On peut donc poser en fait que la plénitude de la vie est d'abord en raison de la plus grande somme de nos moyens de satisfaire les sens; qu'éprouver un dénûment plus ou moins grand de ces moyens, c'est être plus ou moins indigent; en d'autres termes, que l'homme, dans son existence matérielle et en état de santé, est d'autant plus heureux qu'il peut disposer de plus de richesses, les moyens de satisfaction des sens ne consistant que dans les richesses. Passant de l'existence matérielle à l'existence animique, ne craignons pas d'avancer que l'une ne peut être heureuse ou malheureuse indépendamment de l'autre; que les lésions et souffrances du corps entraînent celles de l'âme, et réciproquement; qu'il est bien plus facile et plus fréquent de se rendre utile et agréable aux hommes, c'est-à-dire d'exercer la vertu, lorsqu'on est heureux des sens ou riche, que lorsqu'on est malheureux des sens ou indigent. Présentée ainsi, cette spéculation, l'une des plus importantes qu'on puisse imaginer, est beaucoup trop abstraite, comme l'est toute spéculation restreinte à un énoncé de principes. Quelques applications la rendront palpable : en les exposant nous serons naturellement conduits à disserter sur les maux de l'indigence, sur les causes de ces maux, qui toutes procèdent du morcellement industriel.

Antoine, né robuste, régulier dans sa conduite, est ouvrier maçon dès l'âge de 13 ans. Ses besoins sensuels sont fort restreints quant à la bonne chère; mais le sens du *tact* est chez lui très-délicat. Depuis que le sort l'a libéré de la conscription, l'unique consolation qu'il envie, après ses longues et journalières fatigues, c'est de devenir époux et père; d'être logé, vêtu aussi bien que possible selon sa condition. La femme que son mérite lui a fait obtenir, a de bonnes qualités : c'est là toute leur fortune. Huit années s'écoulent, pendant lesquelles Antoine s'est vu père de cinq enfants : trois sont bien portants, les deux autres sont infirmes. La tendre mère voit tous ses moments absorbés par les soins qu'elle leur donne. Des intempéries, à la funeste action desquelles Antoine n'a pu se soustraire, faute de vêtements convenables et de pouvoir à propos quitter l'atelier, lui ont, à deux reprises, causé une maladie grave. Le travail lui a été interdit pendant neuf mois. Nonobstant sa stricte économie, il n'a pu avec ses salaires couvrir la dépense de sa famille. Sensible et honnête, Antoine s'inquiète des privations qu'éprouvent sa femme, ses enfants; il s'effraie du triste avenir qui les menace. Sa dextérité n'est plus la même; une chute qui lui ôte l'usage d'un bras vient aggraver sa position et augmenter son chagrin; son inquiétude redouble : il meurt. Dans leur délaissement, sa veuve et ses cinq orphelins sont hors d'état de gagner leur vie, faute d'aptitude, de force et d'ouvrage; loin d'être utiles à la société, ils ne lui sont qu'à charge. Cette famille est certes estimable, intéressante, irréprochable dans sa conduite et dans ses mœurs; elle n'est pas moins en proie à toutes les horreurs de la misère.

Hippolyte, doué d'une santé brillante et de beaucoup de talent, se voit, dès sa 25e. année, chef d'un établissement prospère d'orfèvrerie. Il est peu exigeant pour les besoins du *tact*, mais vivement passionné pour ceux du *goût*, dont il fait ses fréquents plaisirs. Il se marie; son épouse est comme lui fort passionnée : chez elle, c'est le sens de la *vue* dont les exigences sont impérieuses; elle veut briller par la parure. Le luxe de la femme, les orgies du mari, ont bientôt dissipé les ressources du ménage. Après s'être ruinés l'un l'autre à l'envi, atteints par les embarras, les privations, le chagrin, ils s'accablent de reproches mutuels. L'indigence, en les frappant, frappe les trois enfants nés dans le temps des illusions.

La famille d'Antoine est tombée dans la misère, malgré sa conduite honnête et sage; la famille d'Hippolyte est vouée à la misère par l'inconduite de ses chefs. Ici la stupeur du découragement, là les angoisses du regret, ont atténué l'énergie et le talent. Le mal moral est ainsi la rapide conséquence du mal physique; l'indigence, en faisant naître ces angoisses, cette stupeur, ne lèse pas moins le cœur et l'esprit qu'elle ne lèse les sens.

Ouvrons les yeux sans prévention; comptons le nombre des familles dont le sort est, du plus au moins, analogue au sort des familles d'Hippolyte et d'Antoine. Ajoutons-y les ménages indigents par suite de leur incurie, de leur impéritie native ou volontaire, et n'hésitons pas à reconnaître que, toutes ensemble, ces familles malheureuses qui n'élèvent point les produits de leur industrie au taux de leur absolu nécessaire en consommation, ou qui restent même au-dessous de ce taux, ne composent pas moins des quatre cinquièmes de la population (1).

L'économie politique prononce que la richesse générale n'est que l'ensemble des richesses particulières. En établissant, ainsi que nous venons de le faire, que les ménages dont se constituent les quatre cinquièmes de la population, loin de créer des richesses parti-

(1) Pour se convaincre que ce compte n'est point exagéré, il suffit de visiter dans ses détails un seul de nos villages ou une seule de nos rues peuplées d'artisans. A coup sûr on trouvera plus de 4 ménages sur 5, où l'on sera suffoqué par l'infection de l'air, privé d'un jour suffisant, choqué de la laideur, de la saleté des murs et de l'ameublement, étourdi par les criailleries des enfants, des chiens, et souvent par les disputes des père et mère entre eux ou avec les voisins. On verra ces ménages se nourrir d'aliments répugnants, toujours les mêmes, ayant à peine de l'eau à boire, etc., etc.

culières, ne font que créer la pauvreté, force est d'avouer que notre procédé industriel producteur est faussé par quelque vice qui l'empêche d'atteindre son but; car c'est du degré de perfection ou d'imperfection de ce procédé que dépend la quantité des richesses, tantôt considérable, tantôt exiguë, pour la nation ou la famille.

Le vice du procédé industriel en vigueur de nos jours, est ce que nous avons défini sous le nom de *morcellement*. Les ménages d'Antoine, d'Hippolyte, tous les ménages qui peuvent leur être plus ou moins assimilés, tombent dans l'indigence, bien moins par la faute personnelle de leurs chefs, que par le défaut de combinaison de leurs intérêts individuels avec les intérêts individuels des autres ménages. Antoine et Hippolyte ont fait tout naturellement ce qu'ils étaient capables de faire. La capacité pour l'économie privée manquait chez Hippolyte par suite de la véhémence des besoins du *sens du goût*, comme la capacité pour la santé manquait chez Antoine par suite de la délicatesse du *sens du tact*, dont il n'a pu satisfaire les besoins. Les ménages pour lesquels Antoine exerçait son industrie, étaient intéressés à ce que sa journée de travail fût bien remplie, n'importe quels dangers l'état de la température pouvait faire courir au laborieux ouvrier. Les ménages chez lesquels Hippolyte et sa femme se pourvoyaient, l'un de vins fumeux, l'autre de châles à la mode, étaient intéressés à vendre ces objets chèrement et en grande quantité, sans égard aux inconvénients qui pouvaient en résulter pour les familles des acheteurs. Les orphelins d'Antoine, les enfants délaissés d'Hippolyte, restent privés de secours, parce qu'ils n'ont aucun lien d'intérêts individuels avec les ménages qui ont profité du travail ou des folies de leurs pères.

L'indigence naît donc, en dernière analyse, de la divergence des intérêts individuels, de même que la divergence des intérêts individuels naît du procédé de morcellement. Il est clair que, si les ménages en relations industrielles avec Antoine pour la production, avec Hippolyte pour la consommation, au lieu d'être, par la nature même des choses, leurs ennemis de fait, étaient entrés avec eux en combinaison d'intérêts, toute cause de ruine eût disparu. Tous, pour leur avantage réel et bien senti, loin de se nuire, se fussent empressés de s'aider mutuellement dans les circonstances fâcheuses, de partager leurs plaisirs dans les temps heureux.

Objectera-t-on qu'en spéculant de cette sorte c'est chercher bien haut dans le mécanisme social la source de l'indigence d'un mauvais sujet; qu'il est bien plus simple de la voir, ainsi qu'on l'a toujours fait, dans la mauvaise volonté d'un épicurien de la trempe d'Hippolyte, et qu'il suffit de lui administrer le remède en usage, prêcher, morigéner l'étourdi, le mettre en prison, s'il a signé quelque lettre de change au profit du restaurateur, ce qui ne manquera pas de le convaincre qu'il faut savoir se modérer?

On pourrait vraiment s'en tenir à ce remède s'il était efficace, et s'il n'avait pas le tort d'être en contradiction manifeste avec le vœu de la nature, qui s'est bornée à faire le *sens du goût* tel qu'il est, et non tel que le moraliste imagine arbitrairement qu'il devrait être. Les vingt-cinq siècles dont nous avons l'histoire positive, ne nous laissent malheureusement aucun doute sur l'insuffisance du conseil de modération. L'indigence, de même que tout autre fléau, se rit des beaux discours auxquels elle sert de texte. On ne détruit les causes du mal social que par de bonnes mesures, bien d'accord avec nos impulsions naturelles, garantissant la satisfaction des besoins, et servant les intérêts ou les goûts du riche et du pauvre, du sage et de l'étourdi, du savant et de l'ignorant, sans froisser aucunement en eux les ressorts physiques et moraux de la vie.

FOURBERIE.

L'indigence, d'après ce qui précède, peut se définir, « *Un dénûment plus ou moins grand des moyens de satisfaire les besoins des sens.* » On satisfait les besoins des sens avec les richesses : la principale cause de l'indigence gît dans le morcellement industriel, parce qu'il tient de fait les quatre cinquièmes de la population hors de participation suffisante aux richesses.

Reste un cinquième environ de la population pourvu des moyens de subvenir aux besoins des sens. Ce cinquième se compose des ménages arrivés à la fortune par les voies licites, et de ceux qui, sciemment ou non, y sont parvenus par les voies de la fourberie.

On a vu quelquefois les voies de la fourberie conduire à l'indigence : c'est ce qui arrive quand elles s'écartent trop d'une habile direction, quand celui qui les suit manque d'adresse à les dissimuler et à s'y soutenir : mais elles sont et doivent être généralement usitées, parce que dans le morcellement elles sont à peu près les seules praticables et lucratives.

Pierre, Jacques et Jean exercent le métier de pêcheur. Ils sont fermiers de la pêche, ou ils travaillent pour le compte direct du propriétaire; ils travaillent ensemble ou isolés l'un de l'autre.

Sont-ils fermiers? leurs bénéfices s'élèveront d'autant plus que le prix de ferme se rapprochera moins de la valeur réelle de la pêche. Ils sentent qu'il est de leur intérêt pressant de dissimuler cette valeur; l'urgence des besoins de leurs ménages ne les laisse point libres d'être véridiques; ils se livrent à la fourberie sans pouvoir l'éviter, car sans elle ils seraient nécessairement plus indigents, et les habiles ne verraient en eux que des dupes.

Travaillent-ils ensemble ou séparément pour le compte direct du propriétaire, soit moyennant un salaire journalier, soit avec la condition de retirer une part dans les produits? leur intérêt pressant, demeuré le même au fond, ne fait que se fausser davantage dans son essor : outre la voie de dissimulation, il suit la voie de la fraude; il porte l'ouvrier à soustraire une partie des produits.

Dans un but louable d'économie, s'étant réunis pour se servir des mêmes ustensiles de pêche, barque, agrès, filets, et afin de partager amicalement les fruits de leurs fatigues, Pierre, Jacques et Jean conviennent-ils que chacun pêchera à son tour? l'isolement des intérêts individuels portera chacun d'eux à agir envers ses camarades comme ils agissent de concert envers le propriétaire : chacun ne songera qu'à dissimuler et frauder.

Ce qui est vrai de ces pêcheurs, est vrai de tous les industrieux : il n'est aucun genre de travail qui ne se prête à la fraude, aucun travailleur qui ne soit excité à l'exercer.

Si l'ouvrier est fortement porté à tromper le maître, celui-ci n'est pas moins porté à tromper l'ouvrier. Un chef de fabrique remet des matières premières à un tisserand de ses ateliers; elles ont coûté 30 francs. L'étoffe est confectionnée en cinq jours; le tisserand reçoit 20 fr. de salaire, à raison de 4 fr. par jour. Le prix de vente a été de 80 fr. Sur ce prix le chef de fabrique ayant payé 50 fr., n'avait droit en outre qu'à 15 fr., tant pour le recouvrement de ses avances que pour son honnête bénéfice. Il ravit donc 15 francs à celui qui a fait la main-d'œuvre et au producteur des matières premières. Ici la dissimulation et la fraude de la part du maître de fabrique envers son ouvrier, ne sont pas moins caractérisées que la fraude et la dissimulation des pêcheurs envers le propriétaire de l'étang.

Entrer fort avant dans les détails de fourberie dont nous donnons ces courtes esquisses, ce serait ici pure superfluité. Tout esprit explorateur observera dans chaque branche d'industrie la marche que nous signalons. Quant aux esprits indifférents, malveillants ou faibles, importe-t-il qu'ils la reconnaissent?

De ce que les fourberies, ascendantes des ouvriers aux maîtres et descendantes des maîtres aux ouvriers, sont inévitables dans notre procédé de morcellement industriel, et se légitiment en quelque sorte par la tolérance à l'abri de laquelle chacun s'y livre en pleine sécurité de conscience, la pusillanimité seule pourrait induire que le fléau est sans remède.

Supposez qu'au lieu de travailler isolément l'un de l'autre, Pierre, Jacques et Jean pêchent ensemble, après avoir assigné leurs tâches respectives et fixé la base de la répartition des produits. Rien alors ne leur sera plus facile qu'une surveillance mutuelle; ils ne parviendraient pas à s'abuser beaucoup l'un l'autre sur le poids et la qualité du poisson pêché, sur le prix de vente, etc.; chacun saura bien calculer ce qui lui revient au juste, et ne point se laisser surfaire.

En combinant ainsi leur travail, les trois pêcheurs n'auront extirpé la fourberie qu'entre eux; ils l'exerceront encore envers le propriétaire de l'étang et envers les acheteurs du poisson, à qui ils le feront payer aussi cher que possible, sans égard à ce qu'il leur aura réellement coûté. Pour faire cesser cette seconde sorte de fourberies, il faut étendre jusqu'à elle le remède appliqué à la première; combiner les intérêts des pêcheurs avec les intérêts du propriétaire et des consommateurs, comme les intérêts particuliers des pêcheurs auront été combinés entre eux; c'est-à-dire, substituer au procédé de morcellement industriel le procédé sociétaire, dont nous traiterons plus loin.

Ne devant pour le moment que faire ressortir les

nécessités et les funestes conséquences de la fourberie dans le morcellement, insistons sur quelques points pris parmi les plus saillants.

L'homme droit et franc qui veut suivre la vérité et la justice, a, de l'aveu des moralistes, une tâche excessivement difficile à remplir, moins encore pour se maintenir en bonne volonté, que pour bien discerner ce qui est en effet juste et vrai.

Tantôt c'est un riche qui dissimule ses avantages de fortune, de peur de laisser trop de prise au fisc, à des amis, à des parents, lorsque leurs besoins, réels ou simulés, les forcent à recourir à lui : tantôt c'est ce même riche qui rehausse ses avantages de fortune pour se donner des jouissances d'ambition, ou pour inspirer plus de confiance, soit au gouvernement dont il sollicite un emploi ou des honneurs, soit aux particuliers avec lesquels il traite des affaires d'intérêt. Les mêmes errements guident le pauvre dans les voies de la dissimulation. S'il exposait à nu sa détresse, il n'inspirerait que la défiance et l'éloignement ; s'il laissait entrevoir des ressources à sa portée, il n'inspirerait point la pitié, n'obtiendrait point les secours.

Dans ce conflit de convenances, où le même individu est tour à tour porté à nier ses avantages sociaux ou à les présenter plus grands qu'ils ne sont, et y est porté par des motifs toujours très-péremptoires, comment distinguer le vrai et le juste? C'est peu de dire à cet égard la tâche de l'homme droit difficile, elle est le plus souvent impossible. Et retenez bien que le système général de dissimulation ainsi organisé repose sur l'abandon où chaque individu est laissé pour la conduite arbitraire de ses intérêts privés tels qu'il les entend, soit qu'il se rende compte de leur gestion, soit qu'il ne l'éclaircisse et ne la justifie pas plus à ses propres yeux qu'aux yeux du public, dont les intérêts n'ont aucune liaison directe avec les siens.

Nous avons fait voir que l'indigence était due au procédé d'exercice de l'industrie, nommé procédé de *morcellement*, et surtout à son emploi pour la *production* et la *consommation* des richesses. La fourberie naît plus spécialement de l'application de ce même procédé à la *distribution* des richesses ou circulation commerciale. Tant qu'un produit industriel passe de mains en mains sans être détruit ou consommé, il est en *distribution* ou commerce; et tant qu'il est dans le commerce, le conflit des convenances individuelles en fait un objet de tromperie.

Le propriétaire actuel d'un produit en distribution peut seul le bien connaître, parce qu'il en a la possession exclusive, n'est tenu de le soumettre à aucune inspection autre que la sienne propre. S'il en connaît les qualités et les défauts, il a pleine licence de taire ou nier ceux-ci au propriétaire futur, et de ne lui montrer que le beau côté. Personne ne pourra contredire les assertions du vendeur, qui se gardera toujours de se duper lui-même, en se privant d'un profit, pour le plaisir de dire la vérité. L'option entre un écu et un petit mensonge mercantile dont le curé même n'exige pas la confession, ne laisse dans l'embarras que quelque sot, incapable de saisir le *bon* selon l'opinion commune, de sacrifier un scrupule illusoire à une jouissance positive.

Les qualités et les défauts des produits industriels ne sont pas, dira-t-on, aussi difficiles à reconnaître que nous nous plaisons à le supposer : on ne manque pas d'experts habiles à démasquer la tromperie. Cela se peut : mais jusqu'où va ce palliatif du mal? Combien compte-t-on d'acheteurs ou consommateurs ayant constamment de tels experts auprès d'eux, et ayant la certitude de leur véracité? Et quand même on pourrait avoir plus facilement des experts probes, la fourberie aura-t-elle été moins provoquée; aura-t-elle moins fait ce qui aura dépendu d'elle pour servir l'intérêt divergent de tel individu ou de tel ménage?

Antoine est indigent parce qu'il n'a point eu la capacité de mettre ses *productions* en balance avec ses *consommations;* Hippolyte devient indigent, faute de capacité de restreindre ses *consommations* dans la limite de ses *productions*. Pierre, Jacques et Jean se tiennent au-dessus de l'indigence, parce qu'en pratiquant la fourberie dans la *distribution*, troisième branche de l'industrie, ils ont su établir une sorte d'équilibre entre leurs productions et leurs consommations. Antoine et Hippolyte ont été incapables; Pierre, Jacques et Jean ont été trompeurs, bien moins, comme on l'a vu, par suite de leur libre option, que par suite des dispositions du procédé industriel au milieu duquel ils ont dû vivre.

Comme l'indigence déprave les sens en les habituant à l'usage des choses grossières et de mauvais goût, la fourberie déprave le cœur et l'esprit en les façonnant aux choses trompeuses et injustes. Ce sont deux fléaux agissant plus particulièrement, l'un pour le mal-être du corps, l'autre pour le mal-être de l'âme. Passons à un troisième fléau, l'oppression, autre conséquence inséparable du morcellement, et agissant à peu près également sur l'âme et sur le corps, pour empirer les maux déjà si graves, causés par l'indigence et la fourberie.

OPPRESSION.

La nécessité de l'oppression est peut-être plus encore inhérente au morcellement industriel, que la nécessité de la fourberie et de l'indigence. Chose bizarre! l'oppression semble n'exister que pour créer des légions de pauvres, en ravissant aux industrieux la meilleure part de leurs produits; des légions de fourbes, en excitant les industrieux à la ruse, unique voie de salut pour l'opprimé mis hors d'état de recourir à la force ouverte; et pourtant l'oppression, dans le régime du morcellement, est la condition sans laquelle on ne saurait absolument assurer la production des richesses, atténuer la misère des quatre cinquièmes des producteurs et l'astuce habituelle à l'autre cinquième.

Quand le travail est répugnant, la contrainte seule nous le fait exécuter. Le travail est répugnant dans le morcellement, parce qu'il n'y offre que monotonie, abjection, excès de fatigue, complication, exiguité, et parfois nullité de récompense. En ce triste état de choses, si un père ou chef de ménage laissait sans frein ses enfants, ses ouvriers, ses domestiques, loin de les voir produire des richesses, il ne les trouverait jamais occupés qu'à dissiper les richesses à leur portée. Le chef de ménage est donc forcé de devenir oppresseur, à peine de se voir en perte : peu importe de quelle manière il contraint ses gens à travailler, soit en les menaçant du fouet, soit en les menaçant de les chasser, de ne leur donner ni argent, ni pain, tant que leur tâche n'est pas faite.

S'ils n'étaient point ainsi opprimés, les domestiques, ouvriers, enfants, ne se soucieraient pas même de pourvoir par le travail à leurs propres besoins : ils ne songeraient à les satisfaire qu'à la manière des Sauvages, et, comme eux, croupiraient dans l'indigence et l'abrutissement.

La hiérarchie de l'oppression est si bien organisée, que personne ne lui échappe. Tel fermier ou artisan n'a dans son ménage que sa femme et deux enfants : le plus âgé opprime le cadet, la mère les opprime tous deux; le père se fait arbitrairement obéir par les enfants et par leur mère. S'il y a des valets, le garçon de ferme opprime le petit berger, le grand laquais ordonne au jockey, le valet de chambre au laquais.

Le chef de famille n'est pas moins que ses subordonnés sous le joug de la contrainte. S'il ne travaillait, ou même s'il n'opprimait pas, le pain et l'argent lui manqueraient comme à eux. Le garnisaire, le gendarme, le juge, le maire, le curé, sont là pour le faire agir. Tente-t-il de se soustraire aux ennuis du travail quel qu'il soit, fatigue de corps ou d'esprit, occupation honnête ou perfide, et de se livrer à l'insouciante oisiveté? aussitôt harcelé par ses proches, par la foule de tyranneaux à qui l'organisation sociale donne autorité sur lui, il est réduit à la rigoureuse alternative de l'obéissance ou de la punition.

Sans la contrainte ou oppression exercée tantôt de proche en proche, tantôt directement, par les gouvernants sur les administrés, par les maîtres sur les ouvriers, les chefs de ménage sur les femmes, enfants et valets, il ne saurait y avoir ni richesses, ni existence nationale, ni juges contre les fourbes, ni hôpitaux pour les indigents.

C'est donc l'oppression qui, tout en spoliant les uns et les autres, les oblige de fait à opérer la production, et corrige, autant qu'il est possible dans le régime du morcellement, les vices de la distribution des richesses. L'oppression n'introduit pas l'ordre parfait dans ce régime, puisqu'il y est impraticable; mais elle atténue assez le désordre pour retenir la société sur le bord de l'abîme, surseoir la catastrophe de dissolution dont elle est incessamment menacée, et dont les révolutions et contre-révolutions toujours renaissantes lui donnent un avant-goût si amer.

Cependant l'oppression, nécessité absolue, ne fait que froisser le corps, en l'accablant de fatigue; l'âme, en comprimant ses élans, sa volonté, ses affections, et venir, à la suite de l'indigence et de la fourberie, achever la dégradation de l'homme.

CONCLUSIONS SUR LE MORCELLEMENT.

Si les maux qui affligent l'homme découlent de l'oppression, de la fourberie, de l'indigence, la cause originelle et perpétuante de ces trois fléaux, ainsi qu'on vient de le voir, tient au mode morcelé, pris pour base d'exercice de l'industrie, mode dont le conflit et la collision des intérêts individuels sont inséparables et nécessitent l'essor subversif de l'égoïsme.

L'Egoïsme a été le sujet de tant de dissertations confuses et de tant de méprises, qu'il importe de bien préciser ici la valeur vraie de ce mot.

Loin d'être une *cause*, ce qu'on entend généralement par ÉGOÏSME, est plutôt un *effet*. En principe, la création ne saurait se constituer que d'individus. Il n'existe que des individus et des agrégations d'individus. Il n'est possible de concevoir un être qu'en admettant son caractère essentiel d'individualité. Le dictionnaire français légal n'a aucun mot qui exprime l'individualisme pris en bonne part. Le *moi* des idéologues n'est qu'une abstraction sans emploi dans les spéculations positives. A défaut d'expression en usage suffisamment exacte, que le lecteur veuille bien, un moment et en attendant mieux, tolérer celle d'*ipseïsme*, comme signifiant en bien ce que l'expression *égoïsme* signifie en mal.

L'*ipséïsme* est le mobile essentiel de nos actions, mobile toujours noble et louable quand il produit des actions généreuses, utiles, bienfaisantes pour nos semblables et pour la société au même degré que nous les trouvons agréables pour nous-mêmes. Rien de plus digne d'estime qu'un sentiment d'amitié, d'ambition ou de maternité, qui nous fait accourir en aide à l'homme pour atténuer sa douleur s'il souffre, pour renforcer son bonheur s'il jouit, qui nous élève à la gloire et à la fortune, qui nous entraîne à protéger, soigner, instruire l'enfant. Ce sentiment n'est au fond que l'*ipséïsme*, dont l'essor concourt au bien, opère le bien. C'est l'essence de l'homme à l'état normal; c'est dans l'*ipséïsme* qu'est la *cause*, la bonne tendance, élément puissant d'harmonie, supposé qu'il agisse dans une organisation sociale conforme à la nature de l'homme.

Dans le morcellement, cette même *cause*, dévoyée, forcée par le morcellement même à la contremarche qui la dénature, perd son caractère essentiel et n'est plus qu'un *effet* subversif, n'est plus que l'*égoïsme*, si justement réprouvé, mais inévitable alors qu'il est la seule voie pour échapper aux atteintes de la misère, de l'astuce, de l'oppression, inhérentes au mouvement social en régime morcelé.

La racine du mal, on l'a vu, est dans les fondements mêmes de l'édifice social, dans la formation du ménage réduit au plus petit nombre possible de membres, n'ayant et ne pouvant avoir que des intentions contradictoires, devant agir, pour leurs bénéfices respectifs, en se nuisant les uns aux autres.

La constitution générale de l'État est la conséquence de la constitution particulière du ménage. Nos gouvernements, à si juste titre nommés *paternels*, qu'ils soient confiés à un monarque ou à de simples magistrats amovibles, ne peuvent différer du gouvernement d'un chef de famille, forcé le plus souvent de prendre pour guide l'arbitraire, la fourberie, l'oppression. Vouloir tenter l'extirpation des fléaux en ne s'attachant, comme on l'a toujours fait, qu'à modifier le gouvernement de l'État sans s'occuper d'introduire la réforme dans le gouvernement du ménage, c'est comme si l'on prétendait corriger les vices de construction d'un bâtiment en se bornant à modifier ses combles. On parviendra sans doute à rendre les combles moins difformes, moins pesants, moins insuffisants pour abriter la partie supérieure de l'édifice contre les effets de la tempête et de la vétusté : sa chute ne sera pas moins imminente, tant que la construction n'aura pas été reprise en sous-œuvre. Est-ce en remaniant exclusivement les combles, que l'on mettra obstacle aux immondices qui s'introduisent à la base par un sol fangeux, par des flancs entr'ouverts? est-ce en arrangeant un peu plus artistement l'angle du faîte, que l'on remédiera aux vices de la fondation?

Notre établissement politique a toujours été jusqu'ici le colosse aux pieds d'argile, un temple dont la coupole de marbre et de fer s'élève sur un terrain mouvant, et ne se soutient que par une sorte de prestige de pesanteur. Un faible ouragan survient, l'édifice s'écroule.

Comment, après tant de siècles d'expérience, après tant d'évidence, ose-t-on encore se plaindre que le souverain s'entoure d'une classe privilégiée; que le ministre du jour déplace la clientelle du ministre de la veille? l'intérêt individuel du ministre et du souverain n'est-il pas de maintenir LEURS MÉNAGES, d'investir du pouvoir, de faire participer aux richesses ceux qu'ils croient leur être le plus dévoués? Agir par égoïsme et exclusion, c'est pour eux, comme pour tous les sujets, agir par prudence. Toute autre marche aboutirait à ne faire d'eux que des dupes, car il est bien notoire que s'ils se confient à des gens dont ils ont à craindre l'opposition d'intérêt ou seulement le grand caractère, ils s'exposent aux chances les plus critiques. Chaque page de l'histoire établit cette vérité. A force de la méditer, on a imaginé le gouvernement représentatif, effectivement susceptible de pallier quelque peu les inconvénients du conflit des intérêts, quand son système est adopté et suivi de bonne foi.

Et ce peu d'amélioration coûte des flots de sang, des révolutions incessantes. Combien il est plus facile et moins dangereux d'attaquer le mal dans son germe, de redresser d'abord la direction de l'égoïsme dans la base sociale, qui est et ne saurait être que le MÉNAGE DOMESTIQUE, où s'opère la première élaboration du procédé industriel ! La tâche est de combiner cette base de telle sorte, qu'elle mette positivement l'intérêt de tout individu en bonne coïncidence avec l'intérêt de ses consorts communaux et nationaux.

Cet avénement au bien réalisé dans un seul village aura un effet décisif: ses fortunés résultats conquerront bientôt de proche en proche la population entière. Les intérêts des grands entreraient alors rapidement en combinaison, comme y seraient entrés les intérêts des classes inférieures. Ce sera encore une révolution, mais une révolution sans secousse, dirigée par une philanthropie réelle, servant tous les hommes sans en froisser aucun. Ainsi une petite cause peut conduire à d'immenses effets, de même que de grands mouvements imprimés au début, vont se perdre dans d'insignifiantes modifications. Qu'a-t-on obtenu de la tourmente de l'Europe, si fortement ébranlée depuis la fin du 18e. siècle? Perçoit-on aujourd'hui moins d'impôts qu'en 1789; a-t-on plus de liberté de penser et d'écrire; est-on moins exposé à l'emprisonnement, à voir sa profession péricliter, à perdre ses emplois; en un mot, est-on plus assuré de parvenir, plus riche, plus heureux? Hélas ! non. Jeunes et vieux regrettent le temps où il y avait plus d'abus peut-être, mais aussi plus de stabilité, plus de voies d'avancement. L'indigence, la fourberie, l'oppression, n'ont fait que changer de forme. Il est bien douteux si elles nous accablent moins qu'elles n'accablaient nos pères.

L'extirpation de l'indigence, de l'oppression, de la fourberie, ne doit point être espérée tant que dure le morcellement industriel, parce que ce sont, dans le morcellement, les grands moyens de cohésion sociale. Ils excitent au travail par la contrainte, et deviennent en ce sens les producteurs et distributeurs des richesses, comme nous l'avons fait voir. Ils restent tels, jusqu'à ce que l'accroissement des souffrances aussi bien que des lumières des industrieux amène le moment d'une conversion nouvelle.

Nous touchons à une époque de ce genre : on ne se dissimule plus ni les souffrances, ni les lumières. Chacun réclame des recherches enfin efficaces pour découvrir l'issue de nos misères et des mesures propres à nous la faire franchir; car chacun se pénètre de la nécessité de cette issue, quand il s'arrête à l'examen sévère des tableaux où nous allons résumer les disgrâces de l'industrieux, les vices de l'action individuelle, le nombre excessif des improductifs, toutes calamités inhérentes au morcellement.

« L'industrieux, dans le régime morcelé, est accablé par le malheur idéal, par l'aspect de quelques-uns de sa caste, qui, favorisés d'un héritage imprévu, d'un gain de loterie, etc., ont échappé au mal-être : ces exceptions de fortune viennent périodiquement aigrir les privations de la masse, dépourvue du nécessaire. L'aspect des favoris de la fortune, que le hasard, l'intrigue ou le crime élève chaque jour au bien-être, a cette triste propriété de désespérer l'honnête industrieux que la probité engouffre de plus en plus dans l'indigence.

» Il supporte seul les corvées, dont le riche est exempt; et par contre, il est seul privé des droits naturels, chasse, pêche, etc., dont le riche est en possession. C'est sur le pauvre que pèsent les impôts. C'est surtout à lui que les poursuites des agents du fisc viennent arracher les deniers amassés avec tant de peines pour le soutien d'une malheureuse famille.

» Il est sujet aux mutations d'emploi, transporté à des fonctions dont il n'a aucune habitude, et qui sont pour lui un redoublement d'ennui.

» Il est forcé d'exposer, dans des travaux outrés, insalubres, sa santé, d'où dépend la subsistance de ses enfants et la sienne.

» Dénué de tout dans le cas de maladie, il n'a pour asile que le triste hôpital, que la compagnie des moribonds, où souvent encore on refuse de l'admettre.

» Il voit son fils, l'appui de son industrie, enlevé par les milices, dont le riche est exempt de droit ou de fait.

» Il voit sa femme et sa fille, si elles sont belles, engagées presque inévitablement dans la prostitution par les piéges du riche voisin, pourvu de la clef d'or.

» Une flétrissure injuste, l'opprobre et la diffamation s'attachent à l'homme pauvre, en raison de son dénûment, et l'exposent d'autant plus au mépris, qu'il est plus pressé de besoin.

» Il est privé de la protection des tribunaux : point de justice pour le pauvre; il n'a pas même de quoi consulter et réclamer; et quand il le tenterait, il échouera contre un riche adversaire qui le traînera d'instance en instance.

» La progression du luxe, qui crée chaque jour aux riches de nouveaux moyens de jouissance, accroît en même rapport la déchéance, les souffrances de la multitude privée du nécessaire, et stimulée par l'étalage de cet accroissement de luxe que ne voit pas le Sauvage.

» Le fruit des peines de l'industrieux est le plus souvent pour un maître, et non pour lui, qui n'a aucune participation au produit de son labeur.

» Enfin, il est incessamment tourmenté de retour sur le passé, ou souvenir des nombreuses misères déjà endurées et encore à craindre, et de souffrance anticipée au futur, ou faculté d'entrevoir pour sa vieillesse, dans un avenir lointain, un accroissement de misères, sans aucun moyen d'y échapper. »

Cette kyrielle de disgrâces pourrait s'étendre beaucoup plus : elle est ici suffisante; car elle prouve sans réplique que le sort de l'industrieux n'offre aucune garantie de contentement, et par conséquent aucune de bonne volonté pour le maintien de l'ordre établi, ordre dont il est en tous sens porté à désirer la fin.

Dans cet ordre ou régime de morcellement, l'exercice de l'industrie, confié à l'action individuelle, est essentiellement vicieux, parce qu'il est exposé à une foule d'accidents subversifs et inévitables, sur la présence desquels on ne saurait trop insister. Résumons les principaux :

Chacun agissant isolément, s'attache à ne travailler que pour soi, à se réserver tous les avantages qu'il peut avoir acquis, en se gardant bien d'en faire profiter autrui : quiconque est pourvu d'aptitude pour la même industrie est un rival dangereux qu'on s'empresse d'éconduire. Lors donc qu'un industriel habile vient à mourir, la société et même assez souvent sa propre famille sont privées du plus précieux héritage qu'il aurait dû laisser. C'est là le premier vice, « *la mort irréparée du fonctionnaire.* »

Le deuxième vice est « *l'inconstance personnelle,* » aussi naturelle à l'homme que l'enthousiasme et la réflexion. L'on quitte avec dégoût tel jour ce que la veille on faisait avec charme. Et si, selon l'usage du morcellement, on a travaillé seul, sans collaborateurs zélés, l'ouvrage est, par inconstance, abandonné, annihilé, au préjudice du public ou au moins des personnes qui y avaient un intérêt immédiat.

Le fils ne succède pas aux goûts du père, à ses talents, comme il hérite de son sang et de ses biens. Le système du morcellement ne peut cependant admettre d'autre principe que celui de la *légitimité*, ou hérédité complète. Toute déviation est désordre, ne tendant qu'à augmenter les chances de conflit et de collision. Nous avons ainsi, pour la justification de ce système, des magistrats, des officiers, des chefs de manufactures, des artisans, investis de fonctions *légitimes*, pour lesquelles peut-être ils avaient le plus d'inhabileté. On peut nommer ce troisième vice de l'action morcelée ou individuelle, « *contraste de caractère du père au fils.* »

Le quatrième vice est le « *défaut d'économie mécanique.* » Il est trop connu pour qu'il soit besoin de le circonstancier.

Il en est de même du cinquième vice, « *défaut de matériaux et de moyens.* » D'ordinaire l'industrieux le mieux pourvu de connaissance théorique, de dextérité pratique, est le plus dénué d'emploi convenable, de capitaux; il est le plus mal apprécié, souvent parce qu'il a plus de modestie et moins de charlatanisme que ses concurrents.

Le sixième grand vice de l'industrie individuelle opposée à l'industrie sociétaire, est « *le conflit d'entre-*

prises. » Chacun élève fabrique contre fabrique, magasin contre magasin, sans aucune combinaison d'utilité générale, en substituant partout une ruineuse rivalité à la sage émulation commandée par le besoin du perfectionnement. Chacun ne songe qu'à écraser son voisin, parce que chacun ne connaît que cette voie de servir ses intérêts privés.

« *La fraude et le larcin,* » septième vice, ont été suffisamment analysés dans notre article sur la fourberie.

Tous ces vices de l'action morcelée pivotent sur la contrariété de l'intérêt individuel avec le collectif, sur l'absence d'unité dans les plans et l'exécution. Leur correctif exclusivement usité, la contrainte, venant compliquer encore les effets subversifs du morcellement, il en résulte une telle réduction du nombre des individus productifs, qu'on peut l'évaluer aux deux tiers au moins de la population. C'est un fait bien concluant, bien propre à inspirer contre ce désastreux système toute l'animadversion qu'il mérite. Donnons un instant à l'examen de ce fait.

Les improductifs (fonctionnaires nuls ou négatifs de nos sociétés) peuvent être classés en parasites domestiques, parasites sociaux et parasites accessoires.

« Dans la première classe figurent, 1°. les trois quarts des Femmes de la ville et moitié de celles de la campagne, par absorption aux travaux de ménage et à la complication domestique. Aussi l'économie politique n'estime-t-elle leur journée qu'au quint de celle de l'homme.

» 2°. Les trois quarts des ENFANTS, pleinement inutiles dans les villes et peu utiles dans les campagnes, vu leur maladresse et leur malfaisance.

» 3°. Les trois quarts des DOMESTIQUES de ménage, non cultivateurs, dont le travail n'est qu'effet de complication, surtout en cuisine et aux écuries.

Dans la classe des parasites sociaux,

» 4°. Les ARMÉES de terre et de mer, qui distraient du travail la plus robuste jeunesse et la plus forte somme d'impôts.

» 5°. Les légions de RÉGIE. La seule douane absorbe en France 24,000 familles. Ajoutez-y les droits réunis et autres armées de commis, gardes champêtres, espions, etc.

» 6°. La franche moitié des MANUFACTURIERS réputés utiles, mais qui sont improductifs *relativement*, par la mauvaise qualité des objets fabriqués.

» 7°. Les 9/10es. des MARCHANDS et agents commerciaux, le commerce sociétaire devant, comme nous l'indiquerons, effectuer ce service avec le 10e. des agents qu'emploie la complication actuelle.

» 8°. Les deux tiers des agents du TRANSPORT de terre et de mer, qui au vice de transport compliqué joignent celui de transport aventureux, notamment sur mer, où l'impéritie et l'imprudence décuplent les naufrages.

Dans la classe des parasites accessoires,

» 9°. Les Chômeurs légaux, accidentels et secrets; les gens inertes, soit par manque d'ouvrage, soit par récréation.

» 10°. Les Sophistes, et d'abord les controversistes, ceux qui les lisent et s'entremettent à leur instigation en affaires de parti, en cabales improductives. Il faut ajouter au travail de controverse qui embrouille chaque sujet les commotions politiques et distractions industrielles dont il est la source.

» 11°. Les Oisifs, gens dits *comme il faut*, passant leur vie à ne rien faire; les prisonniers et nombre de malades qui travailleraient sans inconvénient dans un ordre sociétaire tel que nous le décrirons.

» 12°. Les Scissionnaires, gens en rébellion ouverte contre l'industrie, les lois, les mœurs et usages. Tels sont les chevaliers d'industrie, joueurs, femmes publiques, gens sans aveu, mendiants, filous, brigands, etc. »

Ajoutez à ces douze divisions d'improductifs, les agents de destruction qui ne travaillent qu'à organiser la famine et la peste, ou ne font que concourir à la guerre; ajoutez encore ceux dont les travaux sont eux-mêmes improductifs, tels que certains murs de clôture; ou illusoires, par malentendu et maladresse, comme édifices qui s'écroulent, ponts et chemins qu'il faut déplacer et refaire ; ensuite voyez si ce n'est pas évaluer beaucoup trop haut le nombre des individus réellement occupés à donner des produits agricoles, manufacturés ou commerciaux, que de le porter au tiers de la population.

A l'aspect de ces tableaux, où le sort intolérable des industrieux, les vices de l'action individuelle non combinée, le nombre excessif des improductifs sont présentés avec tant de vérité, quel est le philanthrope, quel est le chrétien, le libéral ou autre homme du jour, réputé le plus avancé, qui ne se sente pas incliner à une forte indignation contre le système ou *procédé de morcellement,* fauteur de tant de maux, et ne conçoive pas la plus ferme volonté de rechercher, pour l'introduire, un régime industriel et domestique moins calamiteux ?

Certes il est pénible d'aborder aussi franchement nos misères, de les exposer avec une si grande sévérité; mais doit-on craindre de sonder douloureusement la plaie, pour reconnaître sa gravité, raisonner avec science sur sa nature et sur le remède applicable ? *Pœnitentiam agite ;* tel est le premier conseil évangélique ; suivons-le d'abord en confessant amèrement tant d'iniquités. Et quelle heureuse consolation n'offrons-nous pas au lecteur, en nous attachant à prouver combien il est plus exact de déduire nos malheurs d'un faux mécanisme industriel et social, que de les attribuer à la perversion volontaire du cœur humain ! Le cœur et l'esprit se dépravent dans un faux mouvement social, comme les meilleurs produits de nos cultures s'altèrent dans une atmosphère corrompue.

PROCÉDÉ MIXTE.

Le procédé industriel que nous nommons *mixte*, participe, ainsi qu'il a été dit, du mode de morcellement, amalgamé avec quelques dispositions du mode sociétaire. En créant des garanties contre les divers fléaux, non pour les prévenir, mais pour atténuer leurs effets, le *procédé mixte* corrige plus ou moins les vices du morcellement. Ainsi des sociétés d'assurances bien organisées peuvent atténuer utilement les effets de ces vices.

Mais quelle immense entreprise, pour réduire quelque peu le *mal*, sans y substituer le *bien!* Que de difficultés à vaincre, pour amener les individus vivant dans le morcellement à se garantir par l'emploi du procédé mixte! A quelles énormes dépenses improductives il faut souscrire, pour organiser contre les divers accidents auxquels chacun est en butte des moyens quelque peu efficaces, tels que peuvent l'être une représentation nationale, et cent sortes d'administrations particulières, hypothèques, hôtels de monnaies, directions d'assurances, caisses d'épargnes, monts-de-piété, etc., etc., toutes choses qui ne sont qu'autant de germes du *procédé mixte*.

Ses emplois sont si loin encore de tendre à une efficacité suffisante, qu'on n'a pas même songé jusqu'ici à classer les fléaux contre lesquels il importe de créer des assurances en faveur de l'intérêt individuel et de l'intérêt collectif. L'incendie, la grêle, les naufrages sont de pures et très-faibles ramifications du fléau de l'indigence : certes, si toutes les familles courent le risque de ces désastres, le nombre de celles qui en souffrent est presque insignifiant, comparé au nombre des familles qui n'en sont pas atteintes. Mais est-il une seule famille qui n'ait point à déplorer, dans les maladies accidentelles, la privation de travail, la répugnance industrielle, les revers de fortune, ou seulement dans l'inconduite de l'un ou de plusieurs de ses membres, des causes d'indigence bien autrement fréquentes et ruineuses que la grêle et l'incendie? Pourquoi ne trouvent-elles pas, ces familles, à s'assurer contre les chances de banqueroutes, de stagnation, d'avaries de denrées, etc., etc., comme elles trouvent à s'assurer contre les chances d'une longue navigation? Il ne saurait y avoir plus d'impossibilité à créer les assurances qui n'existent pas, qu'il n'y en a eu à fonder celles qui existent : il suffit que telle cause d'indigence soit connue et peu rare, pour qu'on doive ne la point négliger.

La première de toutes est, sans contredit, le manque de travail ou d'emploi que subit chaque jour la classe industrieuse. Marc a passé sa vie à s'instruire dans l'art de fabriquer les chapeaux, à perfectionner tel genre de feutrage, telles formes de coiffures. Les consommateurs ont profité de son talent, et Marc a profité de leurs achats. Un contrat s'est donc établi entre eux, contrat moyennant lequel Marc est responsable de ses fabrications et le public responsable de leur emploi. Il n'y aurait point lien social et fait équitable sans cette réciprocité. Survient-il une découverte nouvelle, une perturbation commerciale ou un simple changement de mode, qui fasse perdre à Marc l'exercice lucratif de sa profession? la société est alors dans l'obligation de l'indemniser jusqu'à ce qu'elle lui ait ouvert les voies d'utiliser avantageusement ses habitudes industrielles légalement acquises. La constitution de l'État déclare Marc admissible aux emplois civils et militaires : c'est ce qu'on appelle un *droit public*. Il en est plusieurs autres; mais tous supposent toujours un droit antérieur, celui de subvenir par son travail à sa subsistance. Qu'a-t-on fait pour garantir ce DROIT AU TRAVAIL, le premier des droits de l'homme ? On ne l'a jamais seulement mis en question. Avouons-le; nos garanties contre l'indigence, le plus terrible des fléaux, contre la fourberie et l'oppression, sont à peu près nulles.

Cependant les tentatives qui se multiplient pour l'introduction partielle du procédé mixte ne sont pas moins fort louables. Après un ou deux siècles d'application persévérante, elles amèneraient des améliorations bien susceptibles de balancer leur inconvénient de coûter excessivement. Mais il est trop amer de penser qu'entre autres administrations, telle direction d'assurances, dont les sinistres s'élèvent à 100,000 fr. en une année, ne peut s'administrer avec moins du quart de cette somme. Le *procédé mixte*, pour généraliser ses bienfaits, ne pourrait donc éviter de doubler peut-être la masse des dépenses improductives, portées déjà, par les gouvernements et le commerce, au tiers ou à moitié du revenu net des nations.

Parmi les très-nombreuses opérations introductives du *procédé mixte*, la meilleure et la plus facile serait l'établissement nommé *Comptoir communal*. Des statuts pour ce genre d'assurances ayant été demandés par la Société d'agriculture de Besançon, je les ai rédigés et je ne puis faire mieux que les reproduire comme offrant l'idée la plus claire et la plus complète du procédé mixte. Ils sont précédés du programme publié par la Société d'agriculture.

« PROGRAMME *pour la rédaction des statuts d'un Comptoir communal assurant le placement des produits agricoles et offrant la possibilité de faire des avances au cultivateur*.

» L'homme n'exerce son travail, dans tous les arts, que sur des matières premières qu'il ne peut se procurer sans l'emploi de capitaux plus ou moins considérables; et son travail est toujours rendu plus facile par l'emploi des instruments qui le rendent en même temps plus productif.

» La terre est la matière première sur laquelle opère l'agriculteur.

» Les instruments aratoires, les animaux de trait, les amendements, les engrais, tels sont les instruments avec lesquels il travaille, ou plutôt avec lesquels il devrait travailler, et sans lesquels son industrie et ses efforts ne peuvent rien produire.

» Une population agricole de 60,000 individus compose l'arrondissement de Besançon. On en compte aux environs de 10,000 ayant à peu près le stricte nécessaire en moyens de culture, et pouvant garder leurs récoltes jusqu'aux époques avantageuses pour la vente ou la consommation. 50,000 habitants sont donc réduits à s'exténuer de fatigues en cherchant à suppléer avec leurs bras au défaut d'attelages et de machines. Le peu de bétail qu'ils tiennent, est chétif, abâtardi, par défaut d'argent pour se procurer de belles races; infirme, par excès de travail et par défaut de nourriture : leurs terres sans fumiers restent sans produits, mais non pas sans impôts.

» Toujours harcelés par le besoin, ces 50,000 individus moissonnent avant la maturité, pour se nourrir; ils battent le grain aussitôt après la moisson, pour payer un percepteur, un propriétaire, des marchands, un usurier peut-être, toujours pressés d'en absorber les produits. C'est en même temps et en foule qu'ils portent leurs denrées au marché : dès lors la concurrence des vendeurs l'emportant de beaucoup sur celle des consommateurs, réduit au *minimum* le prix de la vente, au seul bénéfice du marchand et de l'agioteur, toujours empressés de spéculer sur la détresse des producteurs, et d'augmenter encore par leurs machinations la baisse favorable au trafic.

» Tel est donc l'état des agriculteurs, que, lorsque les produits de leur travail ont échappé à l'action destructive des causes qui si souvent le rendent stérile, ils ne servent, le plus ordinairement, qu'à enrichir les parasites de l'état social.

» Excédé de lassitude, d'ennui et de misère, le cultivateur tombe dans le découragement; la force des choses le porte à considérer l'ordre social comme ligué contre lui. Loin de voir dans le gouvernement la protection à laquelle il doit son indépendance et ses récoltes, il s'accoutume à ne voir en lui que la puissance qui lui enlève son argent et ses enfants : son cœur aigri enveloppe dans un sentiment d'animadversion le genre humain tout entier. Loin de se rapprocher de ses compagnons d'infortune, il les prend en haine. S'il sort de son apathie, ce n'est que pour se procurer, à leur détriment, ce qu'il n'a pu se procurer par son industrie.

Si ses travaux lui laissent quelque loisir, il ne l'emploie qu'à étudier les moyens presque toujours illicites de satisfaire des besoins auxquels l'ingratitude de son travail opiniâtre ne peut suffire; et, comme entraîné par le malheur de sa condition, il tombe de l'activité dans le besoin, dans le découragement, dans l'inertie, puis enfin dans tous les écarts de la misère et de la dégradation.

» Un tel mal ne peut rester isolé : la misère du cultivateur rejaillit encore sur elle-même, et s'étend au loin : la stérilité de ses récoltes en est encore augmentée; la valeur de la propriété foncière en est diminuée. Le propriétaire, forcé de réduire à chaque bail le taux de son amodiation, voit son aisance diminuer chaque jour, avec la valeur de son capital. Plusieurs, découragés, profitent des appâts offerts par les gouvernements pour le placement des fonds : un plus grand nombre les consacrent aux spéculations lucratives de l'agiotage, si en honneur de nos jours, et dont les bénéfices toujours croissants ne peuvent avoir lieu qu'aux dépens du producteur. La fortune publique se détériore, et la prospérité de l'État qui, en France plus encore que dans tout autre pays, repose sur celle de l'agriculture et s'équilibre avec elle, périclite et s'anéantit.

» L'institution nouvelle, apte à remédier à de telles calamités et à les prévenir, est encore à créer. Ici donc toute tentative est louable, et c'est sous ce point de vue que la Société d'agriculture de Besançon propose pour sujet de concours, le plan d'organisation d'une Association ou Comptoir communal à établir sur chaque point où l'avantage des cultivateurs pourrait le réclamer.

» Voici quelles seraient les principales bases de cet établissement.

» Le Comptoir communal serait fondé par une compagnie d'actionnaires.

» Il serait pourvu de ressources suffisantes pour recevoir et conserver les denrées produites dans son arrondissement, ainsi que des moyens nécessaires pour faciliter les travaux de l'agriculture, et pour assurer en toute saison des fonctions lucratives à la classe indigente.

» Il recevrait en dépôt ou conseing, moyennant une provision convenue, les récoltes ou partie des récoltes des habitants qui ne peuvent ni les vendre avec profit, ni les soigner convenablement. Les consignateurs recevraient au besoin jusqu'aux deux tiers de la valeur présumée des denrées versées au Comptoir, et le surplus après la vente.

Il avancerait des fonds, au taux le plus bas, à tous les cultivateurs dont les domaines ou les récoltes présenteraient garantie.

» Il procurerait à chaque individu les denrées indigènes ou exotiques au plus bas prix possible, en s'approvisionnant de tous les objets de consommation assurée : en les tirant des sources, il affranchirait le cultivateur des bénéfices intermédiaires que font les marchands, à défaut du Comptoir communal.

» La manutention des denrées se ferait par les consignateurs qui voudraient y prendre part, et qui, moyennant le prix de leur travail, auraient bientôt recouvré la provision de dépôt.

» Le Comptoir donnerait toujours à ses agents, même les plus pauvres, une portion d'intérêt sur quelques produits spéciaux, comme laines, fruits, légumes, etc., afin d'éveiller en eux cette activité, cette sollicitude qui naissent de la participation sociétaire, et de les préserver de l'insouciance qui d'ordinaire caractérise les salariés à prix fixe.

» Les actionnaires opineraient sur les ventes et achats; les consignateurs non actionnaires auraient voix consultative sur les chances de vente.

» Cette institution devant être destinée à associer les intérêts des capitalistes, des cultivateurs et des simples ouvriers, pour le plus grand avantage de tous, devrait présenter à chacun les garanties les plus sûres du bénéfice proportionnel auquel il pourrait avoir droit par l'avance de ses fonds, par le dépôt de ses denrées, et par son travail. Le cultivateur y trouverait en tout temps les instructions nécessaires pour perfectionner son art et le rendre plus productif.

» Enfin, ce projet d'association agricole, tout en assurant de grands avantages aux propriétaires, aux fermiers et à la classe industrieuse des campagnes, devrait offrir au gouvernement toutes les garanties que commande l'intérêt général de la société, pour prévenir les accaparements qui pourraient influer comme l'agiotage sur la hausse ou la baisse trop considérable des denrées.

» Quoique fort restreints, ces aperçus indiquent une nouvelle carrière à parcourir pour satisfaire aux besoins signalés plus haut.

» Au moyen du Comptoir communal, le cultivateur aurait à sa disposition la matière première et les instruments de son travail, par location ou vente payable au moment le plus favorable pour lui.

» Il ne serait plus obligé d'aller perdre son temps, son argent et souvent ses mœurs, à la ville, pour s'y procurer, à des prix ruineux autant qu'arbitraires, les objets qu'il aurait sous la main à une juste valeur, ou pour y vendre un veau, une paire de poulets, quelques coupes de lentilles.

» Il ne courrait plus le risque de se défaire de ses denrées à perte, ou de les voir périr entre ses mains, faute de conservation.

» L'ouvrier trouverait constamment au Comptoir communal l'utile emploi de son travail et de son temps.

» Le propriétaire capitaliste y trouverait, dans le placement de ses fonds, un intérêt composé, dont la rente annuelle, bien assurée et honnête, ne représenterait qu'une partie, et dont le grand bénéfice se retrouverait encore dans l'augmentation croissante de la valeur du capital foncier.

» Si de tels vœux se réalisaient, les hommes qui ne vivent entre eux dans un état d'indifférence et d'opposition, que par l'isolement ou l'opposition dans lesquels leurs intérêts les placent, seraient portés par ces intérêts mêmes à concourir avec tous leurs efforts à l'avantage commun, devenu la mesure et la règle de tous leurs avantages personnels. Ainsi s'anéantirait la cause principale et première des inimitiés, des contestations, des malheurs de l'état actuel des choses.

» Ce n'est pas à l'époque actuelle qu'une entreprise de ce genre peut paraître insolite, impraticable. Elle n'est pas plus difficile à réaliser par des compagnies d'actionnaires, que n'ont pu l'être les comptoirs de commerce, de commission ou de banque.

» Elle ne serait pas plus compliquée dans ses différents détails, que l'organisation des établissements connus sous le nom de Monts-de-Piété, et dont on peut consulter l'organisation dans l'ordonnance royale en date du 23 novembre 1822, en faveur d'un de ces établissements à Boulogne-sur-Mer.

» Ce serait une société anonyme, à l'instar de tant d'autres qui se multiplient de jour en jour, et dont les statuts remplissent la moitié du Bulletin des lois. Il s'est formé des compagnies d'actionnaires pour toutes sortes d'opérations de finances ou d'industrie; pour les assurances maritimes, assurances contre l'incendie, la grêle; pour la construction des ponts et canaux, l'éclairage par le gaz, l'exploitation des mines de houille, des minerais de fer. Jusqu'à ce jour, les spéculations purement agricoles semblent avoir été seules exceptées, car on ne peut en rien leur assimiler la caisse hypothécaire, fondation purement financière.

» Le projet d'Association agricole proposé dans ce prospectus, différerait au reste de toutes les sociétés d'assurances déjà réalisées, en ce que celles-ci ne sont que des entreprises dans lesquelles les bénéfices, quels qu'ils soient, ne se partagent qu'entre les seuls actionnaires, qui n'ont fait l'avance de leurs capitaux que dans cette seule vue; tandis que dans la première, les bénéfices, quels qu'ils soient, appartiendront à l'ensemble des consignateurs, des employés et des actionnaires, en proportion de la valeur de leurs capitaux, de leur travail et de leurs denrées.

» L'association usitée depuis un temps immémorial dans nos montagnes, connue sous le nom de fruitières ou fromageries, est celle qui se rapproche peut-être davantage du Comptoir communal indiqué. C'est à cette association d'intérêts, restreinte cependant à un seul point d'industrie, que nos montagnards doivent les avantages dont ils jouissent. Que ne serait-on pas en droit d'espérer d'une association qui embrasserait de la même manière tous les intérêts des cultivateurs?

» Ceux qui ont eu connaissance des *positos* ou entrepôts de grains établis en Espagne, et dont l'exécution vient d'être proposée à la Société d'agriculture du département du Gers (1), comme susceptible de produire de grands avantages en France, retrouveront dans le nouveau projet la même pensée appliquée à des indications plus étendues et dont les grands bénéfices ne tourneraient qu'au profit de l'agriculture.

» C'est d'après ces graves considérations que la Société d'agriculture de Besançon propose un prix de 300 fr., qui sera décerné, dans sa séance publique de 1824, à l'auteur des meilleurs statuts pour une Association ou Comptoir communal réunissant les avantages sommairement indiqués dans ce programme.

Fait et arrêté en séance, à Besançon, le 22 février 1823. Signé, Girod-de-Chantrans, *président*, et A. Laurens, *secrétaire*.

(1) Voyez le mémoire présenté à la Société d'agriculture du département du Gers, sur la possibilité d'établir des *positos* ou entrepôts de grains, par M. Amade, propriétaire, ancien commissaire des guerres, inséré dans le Mémorial d'agriculture pour le département du Gers, tom. 5, n°. 12.

PROJET DE STATUTS

Pour un Comptoir Communal,

ASSURANT

1°. *Le placement des produits agricoles;*
2°. *Des avances de fonds aux cultivateurs;*
3°. *Du travail permanent à la classe indigente;*
4°. *L'amélioration des cultures et des terres* (1).

« L'incrédulité aux choses grandes et belles, c'est-
» à-dire d'une utilité universelle, est le plus souvent
» leur seule impossibilité. On commence par dire :
» *Cela est impossible !* pour se dispenser de le tenter,
» et cela devient impossible en effet, puisqu'on ne le
» tente pas. Le peu de bien qu'on espère des hommes
» est communément l'unique cause du peu qu'on en
» obtient. » G., El. de Kl. et Des.

L'urgence de l'établissement des COMPTOIRS COMMUNAUX est rendue si palpable dans le programme de la Société d'agriculture de Besançon, que tout ce qui pourrait être dit de plus sur ce point, n'ajouterait rien aux preuves.

Quand ces COMPTOIRS existeront, le gouvernement n'aura plus de poursuites à faire exercer, surtout contre les pauvres, pour le recouvrement des impôts. Le propriétaire foncier aura enfin des garanties suffisantes de

(1) Ce projet de Statuts a été inséré, par ordre de la Société d'agriculture, dans le recueil de ses mémoires pour l'année 1823-1824.

son revenu : obtenant une juste part dans le produit de ses biens, il ne sera plus exposé à voir la mauvaise foi ou l'impéritie des fermiers réduire plus ou moins le taux de sa rente annuelle, et quelquefois l'en priver totalement.

Les avantages que les COMPTOIRS COMMUNAUX offriront à la classe indigente, seront plus précieux encore. Elle y trouvera des moyens efficaces d'amélioration physique et d'amélioration morale. Des travaux variés, jamais exténuants; une nourriture plus saine et plus abondante; la facilité de se soustraire aux funestes effets des intempéries, seront autant de garanties de santé actuellement inconnues aux pauvres.

La participation sociétaire, les connaissances théoriques des gérants du COMPTOIR, les habitudes d'ordre dont l'exemple sera incessamment sous les yeux de tous, les conférences où l'on discutera sur la convenance des cultures, des achats, des ventes, et sur tous autres intérêts analogues, concourront puissamment à développer l'intelligence de la classe pauvre; à former son jugement, en l'exerçant sur des choses positives d'une importance immédiate pour elle, et non plus sur ces abstractions politiques et métaphysiques avec lesquelles le siècle a prétendu l'éclairer, et qui ont abouti à de si funestes égarements.

Rien de plus pressant que de mettre les individus à l'abri de la misère, et de les faire jouir d'une aisance en rapport avec leur condition dans la société. C'est le grand moyen de prévenir la plupart des délits, des crimes, et les ferments révolutionnaires. Ouvrez les annales judiciaires et historiques; elles prouvent à chaque page que les temps où les affaires criminelles ont dû être le plus nombreuses, où les troubles ont été le plus fréquents, sont constamment les temps de disette, de cherté, de plus grand dénûment du bas peuple.

Les agitateurs se montrent alors avec plus d'audace et ont plus de chances de succès. Nous avons vu Manchester en 1820, l'Irlande en 1822, et ce que produisit en France la famine de 1793-94. Qui ne sait combien l'administration d'une commune remplie d'indigents est plus difficile que l'administration d'une commune dont tous les habitants ont de l'aisance? Pour le mal comme pour le bien, l'homme ne connaît d'autre mobile que ses besoins : il ne songe point à mal faire quand ses besoins sont satisfaits. Le démagogue devenu riche ne veut plus de troubles, mais la stabilité. L'action légale ou même arbitraire d'un gouvernement a peu de résistance à redouter de la part de gens heureux que rien n'engage à convoiter les emplois publics salariés.

Le Comptoir communal ne remédiera pas seulement à la principale cause de démoralisation, née de l'indigence; il tendra à atténuer l'oisiveté, l'isolement, la contradiction des intérêts individuels, et par là préviendra aussi les trames de l'astuce et les excitations de la haine.

Je me hâte de signaler de brillants résultats pour les deux classes, riche et pauvre, et pour la société en général, afin de les intéresser davantage et d'obtenir d'elles un examen plus attentif du but et des formes de l'établissement nommé COMPTOIR COMMUNAL, qui seul peut opérer tant de bien.

Ne seront-ils qu'un rêve, une vaine utopie, aux yeux des gens frivoles qui, offusqués par l'indifférence ou la prévention, ne veulent ni croire à la Providence, ni rechercher ardemment ses voies? peu importe. Le suffrage que j'ambitionne est celui de l'homme réfléchi, soigneux de tenir compte des faits mathématiques.

Il s'agit simplement d'organiser au profit de tous, et spécialement en faveur du paysan, les voies de fortune qu'organise chaque jour, à nos côtés, tout capitaliste, négociant ou manufacturier, au profit exclusif de sa famille. Il n'est qu'un seul moyen d'atteindre à la richesse : c'est de fonder et bien régir de grandes exploitations. Tout particulier dépourvu d'avances, de talent économique, et borné au seul produit de sa pensée et de ses bras, soit qu'il agisse ou non loyalement, ne sortira pas de l'indigence, s'il demeure sans aucun aide, aucune intervention d'autrui. Un fabricant n'est fabricant qu'autant qu'il a des ouvriers et des consommateurs. Un Michel-Ange n'obtient le prix de ses chefs-d'œuvre, qu'autant que de riches et nombreux connaisseurs sont là pour les payer. Un Rothschild n'amasse sept ou huit cent millions de francs, qu'autant qu'il étend et multiplie ses spéculations de commerce et de banque.

On accumule donc de grandes richesses en raison des masses dans lesquelles on peut puiser. Et puisqu'il est avéré qu'en remédiant à l'indigence et à ses causes, en répandant une aisance graduée parmi le peuple, on tarit l'une des grandes sources de désordres sociaux, comme on fait cesser la principale cause du mal-être des individus, ne nous exposons pas à la honte d'avoir omis ce qui pouvait dépendre de nous pour faire jouir tout homme, femme, enfant, de sa participation aux richesses, aussi proportionnelle que possible à sa légitime, à ses mérites, à ses services rendus.

Le Comptoir communal est le plus sûr acheminement vers un but si désirable. Sa fondation a nécessairement des chances de succès au moins égales aux chances de la fondation d'une forge, d'une maison de commerce, d'une compagnie d'assurances. On ne doit pas opérer au Comptoir communal autrement que dans les comptoirs prospères des particuliers. La seule différence consiste en ce que le nouvel établissement doit réunir de plus nombreuses branches d'opérations, de meilleures sûretés, et en ce qu'au lieu de partager ses profits entre les actionnaires fondateurs et régisseurs, à l'exclusion de ses agents, consignateurs et ouvriers, il appellera au partage tous ceux qui auront concouru à la production.

Aucun danger d'innover n'est à craindre. Le mode sociétaire est depuis longtemps usité, plus ou moins, dans une foule d'entreprises et de fabrications. On le retrouve dans les hospices, les pensionnats, les chambrées militaires; partout où il y a unité d'action. Les fromageries (*fruitières*) du Jura en font depuis des siècles l'heureuse expérience. Mais jusqu'ici ses avantages ont été partiels et restreints, parce que ses emplois ont eux-mêmes été trop rares et peu étendus. Pour rendre le mode sociétaire complétement efficace, il faudra l'appliquer en tous sens à l'industrie et au cours ordinaire de la vie humaine.

Où serait l'impossibilité de cette application? L'égoïsme, la cupidité personnelle sont des obstacles, sans doute, alors que le conflit inhérent à l'isolement des intérêts individuels, force ces passions de suivre une direction subversive. Elles deviennent des moyens, quand on sait combiner ces mêmes intérêts entre eux. J'ai quelque espoir de le prouver clairement : dans une bonne combinaison d'intérêts, chacun fournit et retire d'autant plus, qu'il a été plus cupide, plus désireux d'un fort dividende.

Les énormes bénéfices du Comptoir communal, et

par conséquent la quotité élevée du dividende, seront surtout l'objet de mes rigoureux calculs. Ils découleront des dispositions d'ensemble, essentiellement économiques, par lesquelles se réglera une gestion cumulant les profits du commerce, de la culture et des fabrications manufacturières.

Le commerce, redit-on sans cesse, n'est plus qu'un leurre, par suite de la trop grande multiplicité de ses agents. Si l'assertion est vraie, pourquoi ne voit-on pas leur nombre se réduire ? Il ne fait qu'augmenter chaque jour; et il semble que le mouvement progressif doive ne connaître d'autre terme que le moment où tout homme, toute femme, déploiera le titre et les talents de MARCHAND. Veut-on supposer qu'en cela il y ait avantage réel pour la société et pour les individus ? Dans ce cas, il faut hâter le moment où personne ne sera étranger au négoce. Veut-on, au contraire, ramener le nombre des agents du commerce au stricte nécessaire? Dans cette seconde supposition, il faut sans délai limiter leur intervention aux seules choses pour lesquelles leur intervention est inévitable. Le COMPTOIR COMMUNAL atteint à la fois ces deux buts : il familiarise rapidement chacun à la pratique et à la théorie mercantiles; il n'emploie au soin des magasins et au débit des marchandises, que le plus petit nombre possible de personnes.

L'affluence extrême d'agents commerciaux que présente notre époque, naît en général de la désertion des agents de l'agriculture. Tout métayer amasse pour payer, s'il le peut, l'apprentissage de ses enfants dans les comptoirs et boutiques des villes. Tout richard de campagne ne songe qu'à devenir croupier de négoce, à faire valoir son argent dans le commerce (1). Tout manouvrier de ferme ne cherche qu'à devenir garçon de magasin ou colporteur de marchandises. Cette tendance générale des campagnards n'attire pas assez les méditations des agronomes et des politiques. Elle ne permet pas de douter du désordre. On la verra durer tant que l'état agricole n'offrira pas aux diverses classes, aux pauvres et aux riches, les moyens d'aisance qu'ils vont chercher dans les splendides cités. Les Comptoirs communaux, s'ils sont ce qu'ils doivent être, mettront le bien-être à la portée de tout le monde.

En rétablissant l'équilibre entre l'agriculture et le commerce, les Comptoirs communaux doivent aussi intervenir en faveur de l'industrie manufacturière. Exploitations de mines, filatures, verreries, forges, tisseranderies, chapelleries, horlogerie, toute fabrication industrielle n'offre présentement à ses ouvriers que monotonie et exténuation. La durée de la vie, dans nos manufactures, est souvent de moitié ou d'un tiers

(1) Il n'est pas une des fréquentes banqueroutes d'agents de change, banquiers, courtiers, etc., où l'on ne puisse vérifier cette manie devenue générale.

plus courte que la durée de la vie des champs. L'habitude contractée dès le bas âge peut seule soutenir la pénible existence de l'ouvrier des fabriques. Cette vie est un supplice pour toute personne qui n'y a pas été longuement façonnée. Les nouveaux COMPTOIRS offrent à tout industrieux la facilité de varier ses travaux, d'alterner de la forge au verger, de l'atelier de tissage au jardin, aux magasins et débits de marchandises, et de recevoir son dividende proportionné aux produits de ces diverses branches de travail. Dès lors les COMPTOIRS COMMUNAUX devront rendre le travail de fabrication industrielle aussi attrayant que le travail de la culture, aussi productif que l'exercice du commerce. En un mot, leur effet devra être d'assurer aux cultivateurs, aux manufacturiers et aux commerçants, les avantages qu'aujourd'hui ils s'envient réciproquement.

Tel est le but vers lequel doit tendre tout article des statuts demandés par la Société d'agriculture pour l'établissement d'un COMPTOIR COMMUNAL. L'entreprise est importante; ses moyens se compliquent naturellement. Quoique notoirement analogue à ce qui existe, et ne devant être qu'une extension sociétaire des voies où les riches actuels ont trouvé la fortune, cette entreprise ne mérite point d'être accueillie avec la prévention ou la défiance qui s'attache à toute idée nouvelle, et la fait si souvent rejeter avant examen?

J'ai vu devant moi cette chance de défaveur, et elle

ne m'a point retenu. Ici, plus qu'ailleurs peut-être, pour réussir, il suffit de vouloir. J'ai essayé une rédaction de statuts, parce que tous ses matériaux m'ont paru disséminés dans le Bulletin des lois de la France, et dans les propres mémoires de la Société d'agriculture qui a ouvert le concours. Il suffisait donc de classer des choses bien connues, de les coordonner sur un plan convenable. Sans me flatter d'avoir rempli la tâche demandée, je ne puis m'interdire l'espoir que mon travail ne sera pas sans utilité, si l'on vient à s'occuper sérieusement de la création des COMPTOIRS COMMUNAUX.

STATUTS.

TITRE I. *Fondation et but du Comptoir communal.*

Article 1er. Il y aura entre les soussignés et les personnes qui adhéreront aux présents statuts, société (*en nom collectif, anonyme ou en commandite*) pour l'établissement d'un COMPTOIR COMMUNAL, à. . . . . arrondissement d. . . . . département de. . . . .

Le genre de la société sera fixé par les fondateurs. La *Société en nom collectif* semble devoir être préférée, parce qu'offrant plus de garanties, elle inspirera plus de confiance. C'est un point important à méditer, car les succès du Comptoir seront la conséquence nécessaire de la confiance qu'il inspirera.

Le lieu où l'établissement du premier Comptoir communal réunirait le plus de chances avantageuses, paraît devoir être un point à peu près central entre trois villes à marché. Un vallon assez fertile pour qu'il y ait beaucoup de denrées à vendre, et assez éloigné des marchés pour qu'il y ait profit à les vendre sur place, au lieu de les conduire au loin à grands frais, avec la perspective de n'en point obtenir la valeur réelle, ou d'en être pour des avances de transport en pure perte. A supposer qu'il existât des bâtiments à prendre en location vers Rigney, Jallerange, Liesle, arrondissement de Besançon; Vercel, Belvoir, Rang, arrondissement de Baume; la Charité, arrondissement de Gray; ce seraient probablement des points fort convenables. Près de Rigney se trouve le château de *la Roche,* où l'on avait fait des constructions en 1812, pour une manufacture de sucre de betterave. Cet édifice est vacant; un vaste territoire en dépend. On pourrait tirer du tout le plus grand parti.

Art. 2. Le Comptoir communal fera des avances de fonds aux cultivateurs sur le dépôt de leurs denrées: il prendra en régie ou à ferme les biens ruraux qui lui seraient confiés dans un rayon de cinq kilomètres. Il organisera des fabrications industrielles, aura des magasins de prévoyance, des boutiques pour le débit des marchandises les plus usuelles dans les campagnes; enfin, il se livrera à toute opération d'industrie et de commerce que l'assemblée générale de ses fondateurs et sociétaires aura autorisée.

Art. 3. La durée de la société sera de trente années.

Elle pourra être prolongée, selon que ses membres en exprimeront le vœu.

Art. 4. Le fonds social est fixé à. . . . . francs. Ce capital sera fourni par le produit de. . . . actions, de. . . . . francs chacune, non remboursables tant que durera la société.

Les articles 2 et 3 n'ont pas besoin de commentaire : ainsi que l'art. 4, ils sont calqués sur les dispositions réglementaires de l'exploitation des *Transports accélérés par eau sur la Seine,* des *Fonderies et forges de la Loire et de l'Isère, etc.,* pages 190, 631 du tome 15, 7e. série du Bulletin des lois. Il est évident qu'on peut exploiter les branches d'opérations indiquées pour le Comptoir communal, comme on exploite des forges et des transports par eau. La quotité du fonds social du Comptoir communal doit dépendre de la consistance à donner à cet établissement. S'il fallait bâtir des magasins, étables, etc., il serait facile d'en dresser le devis. Il paraîtrait mieux, pour les débuts, de prendre à bail des bâtiments déjà existants, sauf à se charger de leur appropriation. Supposons cette dépense d'appropriation devoir s'élever au taux moyen de . . . . 30,000 fr.

Le premier fonds pour les avances aux consignateurs, à 40,000

Valeur des bestiaux, ustensiles et autres articles mobiliers, pour l'exploitation seulement, chaque employé et domestique devant avoir ses meubles meublants. 8,000

A compte aux fournisseurs, sur le premier achat

78,000

Report.	78,000 fr.
de marchandises : on traitera avec eux à terme, ainsi qu'il est d'usage dans le commerce.	8,000
A valoir pour les autres dépenses non spécialisées de premier établissement.	14,000

Si, lors de la discussion des statuts, les fondateurs adoptaient une telle fixation, au total de . . . 100,000 fr. on pourrait arrêter à 100 le nombre des actions, et elles seraient de 1,000 fr. chacune. Le fonds social des *Transports par eau* est de 400,000 fr. Celui des *Fonderies et forges* s'élève à 4,000,000. Il ne peut y avoir eu plus de difficulté pour trouver ces deux crédits, qu'il n'y en aura pour trouver celui du Comptoir communal, dont les bénéfices seront attrayants aussi, comme on le verra ci-après.

Art. 5. Ces actions seront transférables à volonté. Le transport s'en opérera conformément à l'art. 36 du Code de commerce.

Art. 6. La somme totale des actions sera représentée par la valeur des objets à l'achat ou à l'établissement desquels elle aura subvenu. L'entretien ou le renouvellement annuel de ces objets devra maintenir constamment ladite valeur au même taux.

Art. 7. Les actions portent intérêt au taux annuel de cinq pour cent, payable, sans retenue, tous les six mois, avec la chance de bénéfice prévue à l'article 55 des présents statuts.

Titre II. *Du Gouvernement de la Société.*

Art. 8. Les affaires de la société seront administrées par un directeur placé sous la surveillance immédiate d'un comité de syndics.

Art. 9. Le comité des syndics sera composé de cinq membres, nommés en assemblée générale à la majorité absolue des voix, et de trois suppléants, nommés de la même manière. Les uns et les autres ne peuvent être pris que parmi les actionnaires.

L'actionnaire qui, étant nommé syndic ou suppléant, ne pourra en accepter les fonctions, fera connaître son refus séance tenante, pour qu'il soit procédé aussitôt à son remplacement.

Art. 10. Le directeur sera pris également parmi les actionnaires, et nommé en assemblée générale à la majorité absolue des voix.

Art. 11. Il sera placé un caissier au bureau central, et des régisseurs dans chaque ferme, grand magasin et grand atelier de fabrication. Ces officiers seront nommés en assemblée générale, à la majorité des voix, sur une liste de deux candidats présentés pour chaque office par le directeur, qui sera tenu d'en présenter de nouveaux si les premiers n'étaient pas agréés.

Titre III. *Assemblées générales.*

Art. 12. Les actionnaires se réuniront en assemblée

générale une fois chaque année, dans le courant du trimestre d'octobre. Nul fondé de pouvoir ne pourra représenter un actionnaire, s'il n'est lui-même actionnaire.

Art. 13. Chaque actionnaire en assemblée générale aura autant de voix qu'il possède d'actions, soit par lui-même, soit par ceux dont il est le fondé de pouvoir.

Néanmoins nul ne pourra avoir dans l'assemblée générale plus de dix voix, lors même qu'il représenterait, par lui ou par ses mandants, un plus grand nombre d'actions.

Art. 14. L'assemblée ne pourra délibérer qu'autant que les membres présents offriraient une réunion des deux tiers des actions pour lors en circulation.

Les arrêtés y seront pris à la majorité des voix, excepté le cas où il serait question de dissoudre la société avant son terme. La dissolution ne pourra être prononcée qu'à la majorité des trois quarts des voix représentées dans l'assemblée.

Art. 15. Le directeur présente à l'assemblée générale le compte rendu des opérations et l'inventaire annuel du Comptoir communal, de ses magasins, ateliers et cultures : il y joint un tableau de situation de chaque branche d'exploitation.

Il soumet à l'approbation de l'assemblée les projets dont l'exécution doit avoir lieu dans le courant de l'année, le budget des dépenses à faire pour les accroissements de l'entreprise, les spéculations importantes et d'un intérêt majeur à opérer.

Art. 16. Le comité des syndics a le droit de convoquer des assemblées générales extraordinaires. Le directeur a le même droit; mais il est tenu, pour cette convocation, de s'adresser au comité des syndics, qui, dans tous les cas, doit déférer à sa demande.

Art. 17. L'assemblée générale est présidée par le président du comité des syndics. Le syndic le plus jeune remplit les fonctions de secrétaire.

Les procès-verbaux des assemblées générales seront signés par le comité des syndics et le directeur, et transcrits sur deux registres, dont l'un restera au pouvoir du comité, et l'autre en celui du directeur.

Art. 18. L'assemblée générale fixe le dividende des bénéfices à répartir.

Pendant les premières années, il sera fait une retenue d'un huitième sur les bénéfices, pour accroître les établissements du Comptoir communal, garnir les *silos* ou les greniers à farine, et subvenir aux dépenses facultatives à régler en assemblée générale. Lorsqu'il sera jugé convenable, cette retenue pourra être réduite d'après une délibération de cette assemblée. Toutefois son *minimum* sera le douzième des bénéfices.

Titre IV. *Du Syndicat.*

Art. 19. Les fonctions des syndics dureront cinq ans; celles de suppléant, trois ans.

Les syndics seront renouvelés chaque année par cinquième, et les suppléants par tiers.

Durant les premières années, les syndics et les suppléants à remplacer seront désignés par la voie du sort; les uns et les autres pourront être réélus.

Art. 20. Le comité des syndics choisit dans son sein un président et un vice-président.

Art. 21. Les syndics suppléants ont le droit d'assister aux réunions du comité; mais ils n'y ont voix délibérative que lorsqu'ils sont appelés à remplacer un syndic absent.

Pendant les deux premières années, le suppléant le plus âgé remplacera le syndic absent; pendant les années suivantes, ce sera le plus ancien en fonctions.

En cas de mort ou de démission de l'un des syndics, le remplacement aura lieu de la même manière jusqu'à la première assemblée générale.

Art. 22. Le comité ne peut délibérer qu'au nombre de trois membres au moins, non compris le président; savoir : trois syndics, ou deux syndics et un suppléant. Les résolutions y sont prises à la majorité des voix. Chaque syndic ou suppléant n'a qu'une voix, quel que soit le nombre de ses actions. En cas de partage égal, la voix du président emporte la balance.

Art. 23. Les syndics, les suppléants et le directeur ont seuls le droit d'assister aux réunions du comité.

Art. 24. Le comité est spécialement chargé de la surveillance des opérations du Comptoir communal; il convoque les assemblées générales, pour lesquelles il avertit les actionnaires quinze jours d'avance.

Art. 25. Le comité se réunit régulièrement une fois par mois; chaque syndic présent reçoit un jeton.

Art. 26. Les frais de voyage et autres, faits par MM. les Syndics pour le compte du Comptoir communal, seront remboursés sur la présentation d'une note sommaire remise au directeur, qui leur en fera délivrer le montant.

Art. 27. Le directeur est tenu de soumettre au comité les affaires importantes, et de se conformer à ses arrêtés; il lui soumet les plans et les projets d'accroissements industriels et de spéculations majeures, avant de les présenter à l'assemblée générale.

Art. 28. Les syndics exercent la surveillance de la manière suivante: un d'eux se rend, une fois par mois au moins, dans le bureau de la direction, se fait ouvrir les livres et journaux, la caisse et le portefeuille; il visite ensuite les exploitations diverses et les ateliers; enfin, il inspecte toutes les opérations. Les employés sont tenus de lui donner toutes les explications qu'il leur demandera, et de soumettre les livres à son examen.

Art. 29. Les syndics inspecteurs sont désignés par le comité; leurs fonctions durent quatre mois : le comité, s'ils y consentent, peut prolonger leur mission.

Art. 30. S'il paraissait démontré au comité que le directeur se rend coupable de malversation, de faute grave dans l'exercice de ses fonctions, ou d'une négligence de nature à compromettre les intérêts du Comptoir communal, il pourra prononcer sa suspension et pourvoir à son remplacement.

Dans ce cas, le comité convoquera sans délai une assemblée générale extraordinaire, pour lui soumettre le fait; le directeur y sera entendu. Il ne pourra résulter de cette mesure aucune espèce d'action de la part de l'inculpé contre les membres du comité, lors même que l'arrêté ne serait pas approuvé par l'assemblée générale.

Art. 31. Si la destitution est prononcée, l'assemblée procède au remplacement.

Dans ce cas, comme dans celui de la simple suspension, le comité ou l'assemblée générale avise aux moyens les plus convenables pour rendre publique la mesure adoptée.

Art. 32. Les délibérations du comité sont signées par les syndics présents, et transcrites sur deux registres, dont l'un reste au comité, et l'autre au directeur.

Titre V. *Fonctions des Officiers et Préposés.*

Art. 33. Le directeur aura seul la signature de la compagnie. Néanmoins toute lettre de change ou billet à ordre devra être contre-signé par le caissier.

Art. 34. Le directeur a sous ses ordres les régisseurs et tous les employés ; ces derniers sont à sa nomination : il peut suspendre les régisseurs et les remplacer jusqu'à la convocation de l'assemblée générale. Sa résidence habituelle sera au Comptoir.

Il visitera journellement, s'il le peut, toutes les parties de l'établissement.

Il est chargé de toutes les dépenses relatives à l'entretien des bâtiments, des ustensiles et du mobilier, aux fournitures, aux traitements d'employés et salaires d'ouvriers, aux mesures de sûreté, et généralement de tous les frais quelconques de régie : il y pourvoit par des états et mandats que le caissier est tenu d'acquitter.

Il tiendra tous les registres utiles à sa gestion. Il remettra ou fera parvenir, au moins tous les trois mois, au comité des syndics, un rapport sommaire sur la situation des diverses branches d'opérations, et lui donnera les renseignements qui lui seront demandés.

Il est chargé de faire dresser l'inventaire annuel et de le présenter au comité des syndics, un mois avant de le soumettre à l'assemblée générale.

Il ne pourra s'occuper d'aucun autre commerce, ni être intéressé dans d'autres établissements de la même nature que ceux du Comptoir communal. Il devra toujours être propriétaire de trois actions au moins.

Les honoraires du directeur seront fixés dans l'assemblée générale, avant sa nomination, et seront payables par trimestre.

En cas d'absence, de maladie prolongée ou de décès, le comité pourvoira à son remplacement provisoire jusqu'au jour de l'assemblée générale, qui, dans ce cas, sera convoquée immédiatement.

Art. 35. Le caissier est chargé de faire toutes les recettes et d'acquitter toutes les dépenses de l'établissement.

Il ne peut faire aucun paiement sans ordonnance du directeur.

Il ne peut recevoir de fonds autres que ceux provenant des remboursements et ventes, que sur un bordereau signé par le directeur.

Le caissier tient tous les registres de comptabilité, dont le nombre et la forme lui seront prescrits, soit par le comité des syndics, soit par le directeur.

A l'expiration de chaque année, il remet au directeur le compte de ses recettes et de ses dépenses, appuyé de pièces justificatives, pour être joint à celui que le Directeur doit rendre lui-même au comité des syndics et à l'assemblée générale.

Art. 36. Les fonctions des régisseurs sont de trois sortes :

Comme gardes-magasins, ils ont la manutention des magasins, et sont tenus de veiller soigneusement à la garde et à la conservation des denrées et effets qui y sont déposés. Ils seront responsables de leur disparition, de leur dépérissement ou détérioration, toutes les fois qu'ils ne pourront prouver que ces accidents ne proviennent point de leur faute.

Comme appréciateurs, ces officiers sont chargés spécialement de l'estimation des denrées et autres objets présentés en dépôt ou en vente. Chaque appréciateur est garant, envers le Comptoir communal, des évaluations faites par lui. En conséquence, s'il était vérifié par arbitrage que ces évaluations n'ont point été fixées d'après les règles prescrites, l'appréciateur serait tenu de rembourser au Comptoir la différence reconnue entre la valeur réelle et vénale, et la valeur appréciée.

Comme régisseurs, ils sont chargés de la direction du travail, de la comptabilité particulière, des approvisionnements, et de toutes les mains-d'œuvre des ateliers, magasins, cultures et fabrications, dont la surveillance leur est confiée.

Chaque régisseur, tous les mois, remettra au directeur un tableau général des opérations de son magasin, atelier ou exploitation rurale.

Les régisseurs ne pourront s'occuper d'aucun commerce, quel qu'il soit, ni prendre intérêt dans aucune entreprise de la nature de celles du Comptoir communal.

Art. 37. Le caissier et les régisseurs fournissent chacun un cautionnement dont le taux, ainsi que les honoraires attachés à leurs fonctions, seront fixés par le comité des syndics, et approuvés par l'assemblée générale.

Les trente-deux articles, 5 à 37, ont été copiés à peu près mot à mot sur le Bulletin des lois de France (*ut suprà*), pages 632 à 637, 712 à 714. Leur convenance est d'ailleurs évidente à la simple lecture. On serait dès lors mal reçu à les taxer d'arbitraires, de jeu d'imagination, leur authenticité et l'expérience qui en a été faite ne laissant rien à désirer. On ne serait pas mieux fondé à leur reprocher un caractère de plagiat, puisque ici l'invention ne consiste qu'à coordonner des choses déjà usitées. Autant vaudrait reprocher aux principaux articles du Code civil d'être un plagiat du Code Justinien.

Titre VI. *Opérations du Comptoir communal.*

Art. 38. Tout cultivateur est admis à livrer au Comptoir communal les denrées de sa récolte, pour en obtenir la conservation ou la vente à son profit, et recevoir des avances de fonds sur leur valeur.

Art. 39. Les denrées, au moment de leur dépôt, seront classées par le régisseur, selon leur qualité, *bonne, médiocre, inférieure :* leur valeur sera fixée, d'accord avec le consignateur, au taux moyen des dernières mercuriales des villes de. . . . . déduction faite d'un. . . . . . représentant les frais de transport depuis le Comptoir aux marchés de ces villes.

On désignera les trois villes à marché les plus voisines. Par exemple, si le Comptoir était fondé à Oiselay, les marchés seraient Besançon, Gray et Vesoul.

Le taux de la déduction doit être fixé *modérément*, en raison de la distance où se trouvent les marchés. Elle sera d'environ 1/20e., ou 1/15e., ou 1/12e., et facile à régler.

Art. 40. Nul n'est admis à déposer des denrées au Comptoir communal, s'il n'est connu, domicilié dans un rayon d'un myriamètre, ou assisté d'un répondant connu et domicilié dans ce rayon.

Art. 41. Tout consignateur est tenu de signer l'acte du dépôt qu'il fait. Si le consignateur est illettré, l'acte de dépôt est signé par son répondant. Sont exceptés de la formalité prescrite par le présent article, les actes de dépôt d'objets estimés au-dessous de 50 francs.

Art. 42. S'il s'élève doute contre le consignateur, sur sa légitime possession ou son droit de disposition des objets par lui offerts, leur conseing sera provisoirement suspendu jusqu'à décision de l'autorité publique.

Art. 43. Les avances du Comptoir communal peuvent s'élever jusqu'à concurrence des quatre cinquièmes de la valeur du dépôt. Il est délivré au consignateur une reconnaissance, dûment signée, extraite d'un registre à souche; elle est numérotée, et contient la désignation précise des objets consignés, la date du dépôt, le montant de l'avance et ses conditions.

Art. 44. Tant que l'inventaire annuel n'aura pas été dressé, les consignateurs pourront retirer les denrées en nature, cinq jours après celui où ils auront déclaré cette intention. Dans ce cas, ils rembourseront les avances qu'ils auront reçues, et, de plus, ils acquitteront la provision de dépôt, dont le taux, fixé par l'assemblée générale, leur aura été notifié lors du conseing.

Après l'inventaire, et par réciprocité, le Comptoir aura la libre option de payer en argent ou en nature le dernier cinquième de la valeur du dépôt; de telle sorte qu'il s'acquittera en rendant dix mesures au consignateur qui en aurait versé cinquante; le tout sans préjudice des avantages acquis au consignateur et réglés au titre VII.

Le type des articles 38 à 43 se retrouve encore au Bulletin des lois, volume cité, pag. 716-717. Objectera-t-on que tout ceci n'est qu'une sorte de *prêt sur nantissement,* et qu'on ne peut l'exercer sans l'autorisation spéciale du gouvernement? Je réponds que cette observation manque doublement d'exactitude. D'abord, le conseing, tel qu'il doit s'entendre ici, est une véritable vente avec faculté de rachat, comme celles qui se font à la caisse hypothécaire. En second lieu, toute maison de prêt sur nantissement est tolérée partout où il n'existe point de mont-de-piété, et encore lors même que cette maison, tenue par un seul particulier, n'a point de règlement connu. Certes, un règlement rédigé dans l'esprit et la forme de ces projets de statuts, ne peut acquérir au Comptoir communal, dans l'opinion publique, moins de faveur que n'en ont obtenu les maisons de prêt et monts-de-piété. Le Comptoir ne se fait point payer des intérêts portés jusqu'à 15 pour cent au mont-de-piété de Boulogne-sur-Mer.

Art. 45. Si le consignateur perd la reconnaissance, il doit en faire aussitôt la déclaration au directeur, qui la note sur les registres, en marge de l'article dont la reconnaissance est adirée.

Art. 46. Le consignateur qui, n'ayant point usé de la faculté de retirer les denrées en nature, aura laissé son dépôt à l'entière disposition du Comptoir, participera aux bénéfices de vente et à tous les avantages réglés au titre VII des présents statuts.

Art. 47. Les travaux des cultures, des manutentions diverses, des fabrications industrielles, seront exécutés, sous la direction immédiate des régisseurs et la surveillance du directeur, par les ouvriers, hommes, femmes et enfants qui se seront fait inscrire à cet effet et résideront à portée de l'établissement.

Art. 48. Des règlements intérieurs fixeront le mode d'exécution des travaux, leur police, les devoirs et priviléges des ouvriers, et le taux des salaires pour chaque branche d'exploitation. Ces règlements seront proposés par les régisseurs, discutés par le directeur, et soumis par le comité des syndics à l'approbation de l'assemblée générale.

J'introduis ici des détails qui ne figurent point aux statuts de la *Compagnie des fonderies et forges de la Loire*. Sûrement on pourrait fort bien, sans cette insertion, faire marcher les opérations du Comptoir communal, comme on fait marcher sans elle les opérations de ladite compagnie. Mais il ne s'agit plus ici de garantir uniquement les intérêts des chefs de l'établissement; il faut veiller aussi aux intérêts de tout individu qui entrera en relations d'utilité avec le Comptoir, et surtout stimuler autant que possible les habitants à former ces relations. Si le consignateur n'avait à espérer que le prix vénal de ses denrées au taux prévu dans les articles 39 et 43, il trouverait souvent plus profitable de s'en défaire, comme cela a lieu aujourd'hui, sans l'intervention du Comptoir communal. A coup sûr, le consignateur ne prendra pas ce parti, quand il aura la certitude de l'exécution des articles 46 et 55 à une époque peu éloignée, que l'avance reçue lui permettra d'attendre sans aucune gêne. La chance pour les employés et ouvriers sera la même que pour les consignateurs. Leur salaire, *payé de suite*, ne devra pas s'élever au delà des 7/8es. du salaire de leurs égaux occupés ailleurs qu'au Comptoir communal. Le but de ces perspectives sera d'éveiller l'émulation, la cupidité même, et de toujours soutenir l'espérance chez tous ceux qui auront affaire avec le Comptoir. Les règlements intérieurs, prévus à l'article 48, ne feront que tracer méthodiquement la marche déjà suivie dans les meilleures gestions existantes.

Art. 49. Tout bailleur des fonds de terre exploités et autres immeubles affermés à la compagnie, tout consignateur, employé, ouvrier du Comptoir communal, y aura son compte ouvert, sur lequel seront portés,

1°. Au *crédit*, ses locations, conseings, journées de travail et bénéfices;

2°. Au *débit*, ce qu'il aura reçu en numéraire de la caisse, en subsistances, marchandises et fournitures de tout genre, dans les diverses manutentions et magasins.

Art. 50. Toute personne qui, ayant un compte ouvert au Comptoir communal, sera inscrite aux rôles des contributions directes de la situation des biens qu'il exploite, s'engage, par le fait même de ce compte ouvert, à admettre légalement à son *débit* les sommes que le Comptoir aura payées pour l'acquittement desdites contributions.

Titre VII. *Des Bénéfices et de leur partage.*

Art. 51. Les bénéfices du Comptoir communal consistent dans tous les profits qu'il aura faits sur ses manutentions, ventes de denrées et de marchandises, sur ses cultures et ses fabrications.

Art. 52. Chaque année, au 30 novembre, il sera procédé à l'inventaire général, afin d'établir, dans chaque branche d'opérations et dans leur ensemble, la balance de toutes les recettes et dépenses, et de constater le produit brut du Comptoir communal. Cet inventaire devra être terminé au plus tard le 15 décembre.

Art. 53. On imputera d'abord sur le produit brut,

1°. L'intérêt 5 pour cent du fonds social, les fermages des terres et loyers de bâtiments;

2°. Le solde du prix des denrées consignées (art. 44);

3°. Le solde de ce qui sera dû pour traitements d'employés, journées d'ouvriers, marchandises achetées, matières premières consommées, entretien des immeubles, meubles et ustensiles, contributions publiques, etc.

Art. 54. Immédiatement après ces divers prélèvements de droit, il sera donné cours à la répartition du bénéfice net, de telle sorte que chaque ayant-droit en touche, du 25 au 31 décembre, sa juste quote-part.

Art. 55. Le bénéfice net sera divisé en quatre parts:

La première, de huit quarante-huitièmes (8/48es.), se distribuera entre tous les consignateurs, proportionnément aux valeurs que chacun d'eux aura déposées.

La seconde, de vingt-cinq quarante-huitièmes

(25/48es.), reviendra à tous les officiers, employés et ouvriers, et sera répartie entre eux; savoir :

21/48es. au *prorata* du montant des salaires ou traitements que chacun aura reçus dans le courant de l'exercice (du 1er. décembre au 30 novembre).

4/48es. seront divisés en 45 primes; une de 1/10e., trois de 1/20e., seize de 1/40e., seize de 1/50e., et neuf de 1/300e. desdits 4/48es., à distribuer entre ceux des employés et ouvriers qui se seront distingués par leur zèle et leurs talents. Les règlements intérieurs mentionnés à l'art. 48 ci-dessus, détermineront le mode de désignation des ayant-droit aux primes.

La troisième part du bénéfice net, neuf quarante-huitièmes (9/48es.), viendra en addition à l'intérêt 5 pour cent du capital actionnaire, et aux arrérages stipulés dans les baux à ferme et à loyer. 4/48es. appartiendront aux actions; 5/48es. aux terres et bâtiments tenus par le Comptoir communal. La portion qui en reviendra aux biens-fonds appartenant au Comptoir sera réunie à la réserve, et recevra la destination prévue à l'art. 18.

Enfin, la quatrième part, six quarante-huitièmes (6/48es.), sera mise en réserve, conformément audit art. 18, et sauf la réduction y spécifiée. L'assemblée générale décidera, en temps opportun, l'emploi à faire du *boni* à provenir de cette réduction.

Si l'expérience ou le raisonnement fait reconnaître

des modifications nécessaires à cette répartition, elles seront arrêtées en assemblée générale; mais on s'astreindra toujours à prendre pour base de calcul les produits respectifs des diverses branches d'exploitation.

Les titres VI et VII sont, à proprement parler, les seuls originaux et le grand but de ces statuts. Si je parviens à bien démontrer les facilités de leur application, et l'attrait décisif qu'ils doivent avoir pour tout habitant des campagnes et tout propriétaire de biens ruraux, j'aurai fait un grand pas dans la tâche que j'essaie. C'est pourquoi je vais sans hésiter entrer dans quelques développements sur le régime intérieur et sur les produits d'un Comptoir communal.

Les officiers dénommés au titre 5 paraissent en nombre suffisant. Si cela n'était pas, on leur adjoindrait des auxiliaires. Il suffit aussi, en résidence fixe au Comptoir, de dix garçons d'écurie et magasins. Si l'on a des logements disponibles, il sera très-bien d'y caser le plus possible d'ouvriers commensaux, parce que, se surveillant l'un l'autre, il y aura plus de garantie contre le larcin. Il n'est besoin que d'un régisseur et un garçon de ferme dans chaque métairie, parce que les cultures y seront faites avec le train de l'établissement central. Le travail que ces divers employés ne pourront exécuter, sera fait par les habitants du lieu qui s'offriront librement. Ces ouvriers externes pourront s'employer par quart, demi, trois quarts de journée et journée entière; de telle sorte qu'après avoir vaqué le matin au travail de la terre, à la culture, ou aux étables, ateliers, magasins, ils puissent, au quart de la journée (après déjeûner), alterner à un travail différent, et alterner encore deux fois dans l'après-midi. Cette variété de travaux est un besoin impérieux pour l'homme ; c'est le plus puissant moyen de le récréer, de lui éviter la fatigue et le dégoût. La division de la journée par quarts permettra à plusieurs ouvriers, et particulièrement aux femmes, de ne venir travailler qu'avant ou après les soins à donner à leur ménage. On ne les assujettira qu'à s'inscrire dès la veille ou avant-veille, assez tôt pour que les régisseurs puissent organiser les ouvrages et ateliers selon le nombre et la force des travailleurs, comme cela se pratique dans tous les travaux publics exécutés par régie. Les régisseurs pourront ainsi faire faire dans une matinée cinquante journées de charrue, et cinquante journées de transport dans la soirée, en n'occupant que pendant une demi-journée l'ouvrier qui, s'il eût dû travailler seul, se serait harassé cinquante jours de suite à la même besogne. Tous les ouvrages à la portée des enfants leur seront exclusivement réservés.

Les feuilles de régie porteront la fraction de journée ou la journée entière, telle qu'elle aura eu lieu. Le taux du salaire sera réglé en raison du sexe, de l'âge et de la nature du travail, le plus répugnant devant toujours être le plus rétribué. On fixera ce taux à la somme nécessaire pour acquitter la sustentation journalière des individus, ou peu au-dessus de cette somme, afin de leur ménager une plus forte part en réserve dans les bénéfices annuels.

Les ouvriers inscrits seront classés en autant d'ateliers ou compagnies qu'il y aura de genres différents d'ouvrages à exécuter. Ils désigneront eux-mêmes les genres qui leur plairont le plus. On organisera donc une compagnie pour le labour, une pour la culture du pavot oléagineux, une pour la pomme-de-terre, une pour la boulangerie, une pour la préparation du potage à la viande, une pour l'apprêt de tels légumes, une pour la ribe ou l'huilerie, une pour la clarification de l'huile, une pour le soin de la cave, une pour le grenier à blé, une pour les meules de fourrages, une pour le magasin des étoffes, une pour la comptabilité, etc., etc. La force de chaque compagnie sera proportionnée à l'exigence de ses travaux. Le nombre des ouvriers présents au travail déterminera le temps de sa durée.

La compagnie aura ses chef, sous-chef et fourrier. Ce seront les plus experts, de l'aveu de leurs camarades. Le régisseur dirigera et devra confirmer leur élection. Le fourrier tiendra le contrôle journalier ou feuille de régie à remettre chaque soir au régisseur. Les chef et sous-chef dirigeront le travail, tout en exécutant, ainsi que le fourrier, leurs propres tâches.

Au moyen de ces dispositions, tout homme, femme, enfant, pourra être enrôlé dans 12 ou 20 compagnies différentes. Dans l'une, il ne tiendra peut-être que le dernier rang ; dans une autre, un rang moyen ; dans une autre encore, il sera le chef. Ce sont autant de chances ambitieuses fort stimulantes, et qui convergeront très-bien pour la plus grande régularité de l'ensemble.

Supposons que le Comptoir exploite,

1°. 830 journaux (275 hectares) de champs de diverses qualités, et 370 faux (90 hectares) de prés. Leur culture sera mise, incontinent et sans obstacle, sur le même pied que la culture de M. Marin de Malherez, à Champagney ; car rien ne sera plus facile que cette amélioration, avec les moyens à la disposition du Comptoir communal. Or, il est bien positivement établi, dans les Mémoires de la Société d'agriculture de Besançon, 1821-1822, pag. 204, que le produit *brut*, année moyenne, du domaine de Champagney, contenant 83 journaux de champs et 37 faux de prés, s'élève à 9,061 fr. Le produit *brut* de l'exploitation du Comptoir en céréales et fourrages sera donc de 90,610 fr. (1). Abonnons pour les 5/6es. seulement, ce sera, fr. 75,500

2°. Une manutention de denrées reçues en dépôt, vendues, etc., en valeur du double du fonds fait pour les avances (art. 4 des statuts), et supposé que le Comptoir ne vende qu'après six mois de conseing. . 80,000

3°. Des troupeaux de bétail à cornes et à laine, et de porcs. Il est inutile que je m'arrête à énumérer ce qu'il conviendra de tenir en chaque espèce au Comptoir communal. Si, au moyen des dépôts qui

A reporter. 155,500

(1) *La valeur vénale et rentuelle de ces terres peut se calculer ainsi :*

90 *journaux de labours*,	1re. *qualité*,	à	600 fr.		54,000
160	d°.	2e. *id.*	à	450	72,000
110	d°.	3e. *id.*	à	300	63,000
110	d°.	4e. *id.*	à	200	42,000
60	d°.	5e. *id.*	à	120	19,200
30 *faux de prés*,		1re. *qualité*,	à	1,200	36,000
70	d°.	2e. *id.*	à	1,000	70,000
80	d°.	3e. *id.*	à	800	64,000
10	d°.	4e. *id.*	à	600	66,000
80	d°.	5e. *id.*	à	300	24,000
A valoir pour frais d'acte, *etc.*					15,800
			Total.	fr.	526,000

Je dois dire, pour ceux qui n'ont pas les Mémoires de la Société de Besançon, que le domaine de Champagney est cultivé en assolement continu, *avec prairies artificielles, racines fourragères, etc. ; on y emploie des instruments aratoires perfectionnés ; on y fait des labours en défoncement, etc. ; en un mot, on y a substitué les bonnes méthodes à la stérile routine.*

Report. 155,300

lui seront faits, des avances dont il pourra disposer, et de son crédit, le Comptoir a, dès la première année, des troupeaux en valeur de 30,000 fr., ils rapporteront *brut* au moins le 25 p. °/₀ de ce capital, croissance, progénitures, lait, toisons et fumiers compris. Si sur ce produit *brut* (7,500 fr.), on impute le 6 2/3 p. °/₀, pour frais d'entretien, ainsi que je le porterai en dépense, à coup sûr l'approximation sera très-faible. D'ailleurs elle suffit dans ces calculs. 7,500

4°. Une manutention alimentaire, qui probablement fournira la presque totalité de la nourriture des officiers, employés et ouvriers du Comptoir. Si, les saisons compensées, le nombre moyen des journées revenait à 72 hommes, 50 femmes et 120 enfants, abonnés à 15, 12 et 6 sous par jour, le produit *brut* de la manutention serait de 43,000 fr. On cherchera moins sur cet objet que sur aucun autre à faire des bénéfices pécuniaires. Les comestibles, moyennant les nécessaires et considérables économies résultant d'un grand mouvement culinaire et d'une forte masse d'approvisionnements, devront infailliblement être de meilleure qualité et plus abondants au Comptoir, que ceux que les consommateurs se procureraient chez eux ou au cabaret, aux mêmes prix. C'est ce dont il faudra parvenir à convaincre tout le monde. J'alloue en conséquence 40,000 fr. pour frais d'achats et de préparations, ce qui ne supposera que le 7 p. °/₀ en bénéfices, ci. 43,000

A reporter. 206,000

Report. 206,000

3°. Diverses fabrications industrielles. En première ligne doivent figurer celles dont les produits ruraux offriront les matières premières, et auxquelles le grand bétail pourra être utilisé comme force motrice. Citons, entre autres fabriques, les huiles clarifiées, les viandes sèches, selon le procédé de M. Desfosses (Mémoires de la Société d'agriculture de Besançon, *ut suprà*, p. 39), les fruits conservés par le procédé *Appert*, les fruits secs, légumes et fruits confits au sucre, au vinaigre, à l'alcool, ou simplement par la cuisson. Une bonne gestion peut tirer grand parti de ces divers articles, surtout de celui des fruits et légumes. Aucun particulier ne s'est encore avisé d'essayer en grand l'emploi du procédé *Appert*, parce qu'il est peu répandu, et exige des ustensiles qui ne peuvent appartenir qu'à un grand établissement. Si le Comptoir communal se procurait à peu de frais des vases en fonte, en fer-blanc, ou seulement en terre bien émaillée, et s'il parvenait à conserver même des melons, ses ventes, au cœur de l'hiver et au printemps, produiraient quatre à cinq fois le prix coûtant. Le produit *brut* des fabrications est ici évalué à 160,000 fr. Comme on doit les livrer au consommateur à un rabais sensible sur les prix du commerçant, qui très-sûrement y gagne plus de 20 p. % cumulativement avec le manufacturier, nous n'élèverons pas le bénéfice du Comptoir au delà de 17 1/2 p. %. Les frais de matières premières, édifices, outils et journées d'ouvriers, figureront donc ci-après pour 136,000 fr. 160,000

A reporter. 366,000

Report. . . . 566,000

6°. Un débit de marchandises les plus demandées à la campagne. Le vin, la bière, l'eau-de-vie, font partie de cet article, qui comprend tous les objets de consommation habituelle, étoffes communes, merceries, etc., etc. On ne vendra pas de toutes ces choses pour moins de 100,000 fr., si on les offre à un prix inférieur au cours et en aussi bonne qualité. Les marchands ordinaires y gagneraient au moins le 16 p. °/₀ ; nous nous contenterons de ne porter en compte que le 13. 100,000

Total du produit ***brut*** des exploitations du Comptoir 466,000

Dépense nécessaire pour obtenir ce produit brut :

1°. Intérêt 5 p. °/₀ de l'avance des fondateurs (art. 4 des statuts). 5,000

2°. Fermages, impôts, loyers de bâtiments et frais d'exploitation rurale. Le fermage, d'après le taux moyen ordinaire, si peu garanti par les métayers actuels, ne s'élèvera guère qu'au 4 p. °/₀ de la valeur des terres. Or, cette valeur, d'après le détail ci-dessus, représentant un capital de 526,000 fr., on doit porter pour fermage. 21,000

Toute terre s'afferme avec ses bâtiments d'exploitation pour lesquels il n'est payé aucun loyer. On ne porte donc rien ici à ce titre, vu surtout les dépenses d'appropriation faites par le Comptoir et prévues à l'art. 4 des statuts. *mémoire*.

Impôts, semences, cultures et frais de tous genres, tels qu'ils sont calculés par M. de Malherez (*ut suprà*). 40,000

} 61,000

A reporter. . . . 66,000

Report. . . . 66,000

3°. Paiements aux consignateurs et vendeurs de denrées agricoles. Moyennant l'accomplissement de toutes les conditions prévues dans ces statuts, ces paiements ne sauraient dépasser les 9/10es de la valeur réalisée, telle qu'elle figure ci-dessus, n°. 2 (80,000). Il est bien constant que les grains sont toujours plus chers de février en juillet, que d'août en janvier. Ils abondent et se vendent désavantageusement dans cette seconde période semestrielle : les cultivateurs et rentiers en sont embarrassés, et c'est alors qu'ils feront le plus de conseings. Tous les conseings reçus avant le 30 novembre étant devenus ce jour-là la propriété du Comptoir, il ne fera ses ventes qu'au bon moment, et gagnera ce qu'aujourd'hui gagnent les gros marchands de blé. Il y a lieu de croire que parmi ses manutentions se trouvera un moulin à eau ou à la vapeur, approprié pour la mouture dite à *l'anglaise*. Dans ce cas, le Comptoir (qui au reste ne pourra être soupçonné de falsification de ses produits) débitera plus de farines que de grains, et fera plus de bénéfices qu'aucun concurrent du pays. N'est-ce pas descendre à un *minimum* bien exigu, que restreindre la quotité de ce gain au 10 pour cent des valeurs consignées? La commission de dépôt elle-même devra approcher beaucoup de ce taux d'un dixième par an, si elle ne l'absorbe pas en entier. . 72,000

4°. Entretien des troupeaux. (Voyez n°. 3 des produits). 2,000

A reporter. . . . 140,000

Report.	140,000
5°. Dépense de la manutention alimentaire, ainsi qu'elle est établie au n°. 4 des produits.	40,000
6°. Fabrications manufacturières; *idem* n°. 5. . .	132,000
7°. Prix d'achat des marchandises vendues; *idem* n°. 6.	87,000

8°. A valoir pour traitements d'officiers, régisseurs et domestiques :

Un directeur.	2,400	
Un caissier.	1,000	
Cinq régisseurs à 1,200 fr.	6,000	
Cinq domestiques à 400 fr. . . .	2,000	15,000
Cinq *idem* enfants à 200 fr. . . .	1,000	
Frais d'inspections, de bureau, jetons de présence, et cas imprévus.	2,600	

Ces traitements seraient bien faibles, sans doute, si le sort des employés ne différait pas de celui qu'ils auraient dans tout autre établissement actuellement existant. Au Comptoir communal on a plusieurs chances inconnues ailleurs : d'abord, une part dans le dividende des bénéfices; ensuite, des occupations lucratives pour sa femme, ses enfants. Tel officier se ménagera pour lui-même un travail agréable, en s'enrôlant, par goût autant que par zèle, dans quelques compagnies où il vaquera aux heures que n'exigera point la caisse ou le bureau. Il y aura aussi beaucoup à économiser en s'approvisionnant aux diverses manutentions.

Total des dépenses.	414,000
Report des recettes.	466,000
Partant, la balance donnerait en bénéfice.	52,000

Mais, comme on a dû s'en convaincre par les détails où je suis entré sur les diverses opérations du Comptoir, tous ces aperçus sont cavés au plus bas. A l'article de la culture, par exemple, je ne me contente pas de réduire d'un sixième ce qui sûrement sera obtenu selon les positives expériences de M. de Malherez; je maintiens encore à la dépense les journées d'ouvriers, d'attelages, le fumage, etc., au taux qu'indique ce soigneux agronome. Ces frais, au Comptoir, seront considérablement diminués, puisqu'on emploiera des animaux dont le travail n'est point compris parmi les produits énoncés. Les grands soins de la gestion, les grandes économies résultant des mesures d'ensemble, de l'attention qui sera mise à ne rien perdre de ce qui pourra être utilisé; vingt menus articles que je néglige de porter en ligne de compte, tels entre autres la volaille, les fruits, les légumes, etc., et encore les *valeurs de crédit*, dont le Comptoir pourra profiter tout aussi bien que les banques, à qui ces valeurs assurent seules de si énormes bénéfices; tout cela ne peut manquer de tiercer peut-être le *boni* évalué à 52,000 fr. Je me bornerai pourtant à ne pas le supposer élevé au delà de 60,000 fr.

D'après l'article 55 du projet de statuts, ces 60,000 fr. se répartiraient comme il suit :

8/48es. aux consignateurs, soit 10,000 fr., qui assureront une prime de 100 fr. au propriétaire de tout dépôt ayant 800 fr. de valeur, ci.	10,000
21/48es. aux officiers, employés et ouvriers, de telle sorte que si les registres de comptes portent à 109,375 f. la somme des traitements et salaires, chaque homme, femme ou enfant qui aura déjà reçu 500 fr., touchera	
A reporter. . . .	10,000

Report. 10,000

120 fr. à titre de dividende. Sur ce profit de fin d'année doit reposer le plus grand avantage du Comptoir communal. A lui seul il doit avoir plus d'efficacité que n'en ont tous les moyens actuellement usités pour rendre les individus laborieux, et les mettre à l'abri du besoin, triste fruit de la commune imprévoyance. L'employé ou l'ouvrier verra que, s'il ne se recommande pas par son zèle, sa probité; s'il se fait éliminer des contrôles comme ayant une mauvaise volonté persistante, il se prive non-seulement d'un travail moins pénible qu'ailleurs, d'un salaire exactement payé, mais encore d'un dividende qu'il ne retrouvera nulle part. Quoi de plus déterminant pour le retenir dans le devoir? 26,250

4/48es. aux mêmes, en 45 primes à distribuer en raison du mérite et des talents, ou services rendus :

1	prime	de 1/10e.	500	5,000
3	*id.*	de 1/20e. ou 250 fr.	750	
16	*id.*	de 1/40e. ou 125 fr.	2,000	
16	*id.*	de 1/50e. ou 100 fr.	1,600	
9	*id.*	de 1/300e. ou 16 66 2/3. .	150	

Les candidats pour ces 45 primes, dont les 9 dernières arriveront nécessairement aux enfants, seront inscrits sur une liste formée par les régisseurs et chefs d'ateliers, et approuvée, s'il y a lieu, ainsi que je l'expliquerai tout à l'heure.

4/48es. aux actionnaires, qui de cette sorte recevront effectivement le 10 p. cent de leurs actions, ci. 5,000

A reporter. 46,250

Report.	46,250
5/48es. aux propriétaires des terres et bâtiments tenus à bail, ce qui leur fera toucher au delà du 5 1/2, et non plus seulement le 5 1/2, le 4 pour cent en *maximum* de leurs capitaux, ci.	6,250
6/48es. pour la réserve, art. 18 des statuts. . . .	7,500
Somme égale au bénéfice total	60,000

Objectera-t-on que tous ces calculs paraissent purement arbitraires ; qu'il n'est point prouvé qu'en assignant telle quote-part à tels coopérateurs, on observe une juste proportion ? Cela n'importe en aucune manière. Pour l'équité et pour prévenir tout motif plausible de plainte, ne suffit-il pas que chacun ait eu connaissance de ces règles du COMPTOIR COMMUNAL, avant de s'intéresser à sa fondation ou de travailler pour lui ? Et si le raisonnement ou l'expérience, ou tous deux ensemble, font découvrir des rectifications convenables, qui empêchera de les effectuer et annoncer à l'ouverture de chaque exercice ?

Sans doute il est à présumer qu'entre autres défauts d'équilibre, on reconnaîtra la trop faible quotité du revenu des terres au profit de leurs propriétaires, comparativement au revenu des autres capitaux et à la somme donnée à la main-d'œuvre. Ce sera l'une des premières modifications à examiner. Si l'on s'en tient au *tiers-fruit,* selon la coutume, le revenu foncier atteindra souvent le 6 et le 7 pour cent.

Si le Comptoir communal fait moins d'affaires que je n'en suppose, il y aura diminution dans les masses de produits ; mais la proportion, quant aux bénéfices, différera peu. Au reste, le lot à assigner à chaque branche d'opérations doit être en rapport avec le produit pour lequel cette branche figure dans le bénéfice général du Comptoir. La proportion devra toujours s'établir en raison de l'état des choses, ainsi qu'on l'a vu dans les calculs dont j'ai supposé les bases.

Les candidats à inscrire pour les 45 primes, seront :

1°. Sans distinction de sexe ni d'âge, les ouvriers et employés dont les comptes ouverts prouveront la plus grande assiduité au travail journalier, tant de l'année expirée que des années antérieures, le plus de régularité économique aux diverses manutentions et aux magasins de marchandises en débit. On constatera ainsi le soin avec lequel, soit par sagesse de conduite, soit même par cupidité, chacun aura le mieux employé son temps, aura le mieux combiné ses besoins avec ses ressources.

2°. Les ouvriers et employés qui se seront signalés par un talent distingué, soit pour la meilleure conception, soit pour la meilleure exécution des opérations agricoles, culinaires, manufacturières ou commerciales.

La désignation de ces candidats sera faite au scrutin, dans chaque compagnie de travailleurs. Les régisseurs en feront rapport au directeur, et un conseil des primes, composé des syndics et du directeur, arrêtera la liste définitive.

Sur les six quarante-huitièmes (6/48es.) montant de la réserve, il conviendra que l'assemblée générale impute quelques légères gratifications au directeur et autres officiers qui les auraient méritées, d'après le compte rendu des syndics. Elle accorderait aussi des secours aux familles malheureuses. Ces générosités ne pourraient en aucun cas absorber plus de deux quarante-huitièmes (2/48es.). Les quatre restant subviendront aux autres objets prévus à l'art. 18 des statuts, de telle manière qu'ils se cumuleront successivement, et qu'à l'expiration des trente années que doit durer la société fondatrice, son capital sera porté au triple de sa première mise. Les objets représentant cette première mise ne diminueront jamais de valeur, car leur entretien est compris dans la dépense de 414,000 f. dont j'ai donné le détail.

Chaque dimanche, après les offices divins, et encore le jeudi, lorsqu'il y aura lieu, la *bourse* du Comptoir communal se tiendra en plein air ou dans la grande salle, selon la saison. Le directeur ou un régisseur présidera cette séance : les autres régisseurs et le caissier formeront le bureau. Le président publiera les prix cotés des denrées, d'après les mercuriales des marchés voisins, et d'après le Bulletin des lois : il fera connaître l'avis du bureau sur la chance qu'il y aurait pour le Comptoir, et conséquemment pour tous ses intéressés, de faire actuellement des ventes ou achats. Tout assistant inscrit sur les registres de l'établissement, soit comme consignateur ou bailleur de biens-fonds, soit à tout autre titre de coopérateur, pourra émettre son opinion. Néanmoins, on n'aura voix délibérative que pour les affaires auxquelles on sera directement intéressé. On votera par *assis et levé,* et au scrutin, s'il en est besoin.

L'assolement annuel de tout le territoire cultivé par le Comptoir communal, et généralement toute affaire d'intérêt collectif, seront réglés de la même manière.

On ne pourra s'occuper à la *bourse* d'aucun objet qui ne concernerait pas exclusivement les intérêts commerciaux, agricoles ou industriels du Comptoir communal.

C'est dans ces réunions de *bourse*, qui déjà se tiennent en plusieurs lieux, à l'issue de la grand'messe, sur la place du village, confusément et souvent pour ne s'occuper que de vétilles, c'est dans ces réunions que chacun pourra, s'il le veut, s'instruire dans l'art mercantile, dont il aura recueilli les premières

5*

notions dans les bureaux et boutiques du Comptoir, où les comptes lui seront communiqués, et où sera perpétuellement affiché le tarif général des articles en vente, avec indication de ce qu'ils ont coûté pour achat sur le lieu de leur production, et pour frais de transport.

Après avoir ainsi traité des dispositions d'ensemble du Comptoir communal, et démontré les avantages généraux qu'elles garantissent à ses fondateurs et à la société, observons un moment leurs effets pour l'amélioration du sort des individus.

Le patrimoine d'Isidore consiste en deux hectares de terre de diverses qualités, formant, selon l'usage, plus de six parcelles éloignées l'une de l'autre; trente ares de vigne en trois parcelles, et cinquante ares de pré, encore en trois parcelles. Ces biens-fonds ne produisant pas suffisamment pour la sustentation du ménage d'Isidore, composé de sa femme et de quatre enfants vivant avec lui, et leur culture ne pouvant l'occuper toute l'année, il prend à ferme trois autres hectares de labours et soixante-dix ares de pré, toujours disséminés en nombreuses parcelles. Il suit, comme de coutume, l'assolement triennal. Ses cinq hectares, un tiers en froment, un tiers en seigle, avoine et menues graines, un tiers en jachères, rapportent *brut*, année moyenne, 70 mesures de blé, et 60 mesures d'autres céréales.

Pour obtenir ce produit, il a fallu :

1°. Seize mesures de blé et seize mesures de grains divers employés en semence;

2°. Toutes les journées de labourage, semailles, sarclage, moissons, battage, vannage, etc., que la famille entière d'Isidore a su et pu faire avec ses deux bœufs, et concurremment avec la culture de la vigne et des prés;

3°. Payer un rentaire de vingt mesures de blé pour les champs, de 60 fr. argent pour les prés et les contributions;

4°. Pourvoir au logement, à la nourriture et à l'entretien de six personnes, de deux bœufs et d'une vache.

Évaluons approximativement toutes ces choses :

Produit brut,

70 mesures de blé à 3 fr. 50 c., et 60 mesures de menues graines à 2 fr., ci. 365

33 mesures de vendanges à 4 fr. 132

60 quintaux de foin à 2 fr. 120

25 d°. de regains à 1 fr. 50 c. 37

40 d°. de paille à 1 fr. 40

Jardinage, légumes, fruits, lait, etc. 66

Total. 760

Dépense nécessaire, imputable sur ce produit brut.

Semences : seize mesures de blé à 3 fr. 50 c., et seize mesures d'autres céréales à 2 fr. 88

Impôts, par aperçu, 32 fr.; rentaire des champs, 20 mesures à 3 fr. 50 c., 70 fr.; rentaire des prés 60 fr. en tout. 162

Logement, nourriture et entretien de tout le ménage, 1 fr. 35 c. par jour : c'est trop peu, sans doute; mais il faut bien que le ménage s'y restreigne par nécessité; et d'ailleurs nous ne tenons point compte des produits communaux en bois, en pâturages, et des cas éventuels. 492

Appoint ou *boni*. 18

Somme égale 760

La balance n'établit pas 20 *francs de* BONI; et pour l'obtenir, le ménage a dû vivre avec une rigoureuse parcimonie, être mal nourri, mal logé, mal vêtu. Il a dû s'excéder de travaux répugnants, car il y a vaqué sans diversion, sans compagnie, souvent sans pouvoir s'aider d'instruments convenables pour alléger ses fatigues : enfin il n'a connu que les privations, les ennuis de la vie, sans compensation.

L'année d'Isidore s'est répartie en,

80 journées de labours et cultures des céréales;

40 *id.* pour transport de récoltes, battage et vannage;

40 *id.* pour culture et récoltes des vignes et des prés;

15 *id.* pour conduire les rentaires, et pour les foires, ventes et achats;

15 journées pour le jardin, les légumes, fruits, etc.;

60 *id.* pour entretien des clôtures, bâtiments, instruments aratoires et ustensiles, coupes du bois, travail à la cave, au grenier, corvées communales, etc.;

60 jours fériés;

55 jours perdus faute d'occupations qui aient pu s'y remettre, jours de maladie, etc.

Les mêmes objets ont exigé cent journées de la femme d'Isidore : elle a vu le surplus de son temps absorbé par le travail du ménage et le soin des enfants. Ceux-ci n'ont pas été utilisés pendant plus de deux cents de leurs journées, car chez Isidore comme partout ailleurs, on ne sait point tirer parti des enfants; on les laisse muser tant que le jour dure.

Cette famille a donc vécu toute l'année aussi pauvrement que possible. Elle a dû souffrir du chaud et du froid, s'alimenter de ce qui se trouvait sous sa main, pain noir, brouets grossiers, presque jamais de viande, n'importe quelle lésion sanitaire a dû résulter de cet état de choses. Isidore a travaillé seul, livré à tout l'ennui de l'isolement, à tous les écarts de jugement et d'imagination qui ont pu lui survenir. Si ses voisins sont venus l'aider pour le battage, le vannage, etc., ç'a été par compensation de ses propres journées faites en échange. Il lui a fallu tenir un nombreux attirail de voiture, harnais, celliers, sacs, tonneaux, etc., qu'il lui était bien impossible de mettre et conserver en bon état. En un mot, il a été excédé de soins, de soucis, de dégoûts; il a supporté une extrême exiguité de moyens de satisfaire les plus impérieux besoins de sa famille.

Et qu'on ne dise pas que mes calculs sont faits à plaisir; que je sacrifie l'exactitude pour arriver aux conséquences qui entrent dans mes vues. Je soumets ces calculs à des juges trop exercés pour n'en pas reconnaître la grande justesse : quiconque voudra passer un jour d'investigation au village, les aura bientôt vérifiés. Quand même j'aurais erré jusqu'à faire mécompte d'un tiers, en serait-il moins vrai que l'existence actuelle d'Isidore et des siens, et celle de l'immense majorité des cultivateurs, est intolérable aux yeux de tout riche ayant quelque sentiment humain !

Supposons maintenant le Comptoir communal en activité, tel que nous l'avons décrit : Isidore aura l'option de continuer ou non sa culture isolée.

S'il la continue, il consignera ses gerbes et vendanges, au moment de leur récolte. Il n'aura plus de frais à faire en voitures, ustensiles et soins de conservation. Il travaillera au Comptoir pendant les nombreuses journées que ces soins eussent exigées, et encore pendant les journées qui présentement sont perdues pour lui, dans ce qu'on appelle la *morte-saison*. Sa femme et ses enfants travailleront et gagneront de la même manière.

Si, comme tout concourra à l'y engager, Isidore préfère cesser sa culture isolée et affermer ses biens au Comptoir communal, il s'assurera un bien-être dont il convient de détailler le tableau.

Son patrimoine représentant un capital de 3,100 fr. (les champs 1,700, les vignes 600, les prés 800), il lui reviendra pour rente annuelle, en *minimum* de 5 p. cent, ci. 155 fr.

Qu'il ne fasse au Comptoir communal que 280 journées à 1 fr. seulement, ce sera, avec la chance de dividende final, au moins. 360

200 journées de sa femme, à 75 cent., *idem*. . 215

560 *id.* de ses deux enfants de 10 et 12 ans, à 30 cent., *idem*. 330

Gain présumé hors du Comptoir. 70

Total du produit. 1,150

Dépense d'Isidore et sa famille au Comptoir :

280 journées de nourriture d'homme, à 75 cent. 210 fr.

200 d°. . . . . . . de femmes, à 60 *id*. . 120

560 d°. d'enfants de 10 et 12 ans, à 30 *id*. . 168

400 d°. *id.* de 5 et 7 ans, à 25 *id*. . 100

Hors du Comptoir : complément des journées de nourriture de toute la famille ; (on le calcule sur le même pied que pour le ménage vivant dans l'isolement) ci. 220

Reste pour logement, vêtements, contribution personnelle, seule restée à la charge d'Isidore, et pour *boni*. 332

Somme égale. 1,150

A coup sûr rien ne sera plus facile à la famille d'Isidore que d'atteindre à cette situation. Elle acquerra ainsi une aisance bien effective, qui d'année en année deviendra plus agréable, à mesure que les enfants grandiront et permettront aux père et mère de vaquer plus longtemps au travail. Alors, si elle le veut, cette famille, qui disposera pour elle-même de 1,100 fr., au lieu de 500 fr. dont elle peut à peine disposer aujourd'hui, économisera chaque année la valeur d'un ou deux dixièmes d'action du Comptoir. Elle aurait une action entière après 6 ou 7 ans d'exercice de son industrie, et Isidore et sa femme ne mourraient pas sans léguer à leurs héritiers une valeur triple de leur patrimoine primitif.

Une famille d'absolus prolétaires, se gardant bien de perdre une seule journée de travail, n'économisera guère moins qu'un petit propriétaire comme Isidore. Elle y parviendra d'autant plus facilement, que sans doute les fondateurs du Comptoir seront assez bienfaisants pour admettre, sans frais de nourriture, tout enfant au-dessous de 5 ans d'âge, dont les père et mère ne quitteront pas les ateliers.

Tel sera le sort des pauvres. Les riches de tous les degrés se feront des rentes et des occupations relatives. Il est aisé de déterminer les unes et les autres d'après les données que j'ai établies.

TITRE VIII. *Des Actions.*

Art. 56. Les titres des actions du Comptoir communal sont extraits d'un registre à souche : ils portent la signature du directeur et celles des syndics, et de plus un numéro d'ordre, et ils sont frappés du timbre sec de l'établissement.

Ces titres sont stipulés à ordre, et sont aliénables par la voie de l'endossement sur le titre lui-même ; mais cet endossement ne confère à l'acquéreur la qualité d'actionnaire qu'autant qu'il est revêtu de la signature des syndics et de celle du directeur, s'ils jugent convenable de donner leur approbation à la vente. Cette approbation sera constatée par une délibération prise dans le comité et rappelée à la suite de l'endossement.

Quant aux actions qui sont ou seront à la disposition de la compagnie, elles ne pourront être aliénées qu'en vertu d'une délibération du comité, qui sera mentionnée à la suite de l'endossement. Le transfert des actions s'opérera sur le grand-livre, sur lequel sera inscrit le nom du nouvel actionnaire.

Art. 57. En cas de mort de l'un des actionnaires, sa personne se continue en celle de ses héritiers ; néanmoins, comme les actions des fondateurs sont indivisibles, les héritiers sont tenus de se faire représenter par un seul d'entre eux, lequel n'aura la qualité d'actionnaire et le droit de suffrage qu'autant qu'il aura été admis par le comité des syndics.

Il en sera de même en cas de faillite d'un des actionnaires, à l'égard de ses créanciers.

Dans tous les cas, les ayants-droit du défunt ou du failli, toujours représentés par un seul individu, n'en toucheront pas moins les intérêts des actions appartenant à ce dernier, et leur dividende des bénéfices.

Titre IX. *Dispositions générales.*

Art. 58. La dissolution de la Société avant son terme ne pourra être proposée que par le comité des syndics, et résolue en assemblée générale, à la majorité des trois quarts des actions présentes à l'assemblée.

Art. 59. Dans le cas où, par suite de pertes successivement éprouvées, le fonds capital du Comptoir communal, s'élevant à. . . . . . , se trouverait réduit à la somme de. . . . . (le cinquième), la Société serait dissoute de plein droit, sans qu'il fût nécessaire d'en faire ordonner la dissolution, et il serait procédé à sa liquidation.

Art. 60. A l'expiration de la Société, si elle est renouvelée, ou en cas de dissolution avant le terme fixé pour sa durée, la liquidation sera faite par le directeur ou l'un des régisseurs, au choix de l'assemblée générale.

Cette liquidation aura lieu sous la surveillance du comité des syndics, qui arrêtera le mode à suivre pour la vente des meubles et immeubles, la quotité des répartitions, et les époques auxquelles elles auront lieu.

Il est expressément convenu que les ventes finales seront effectuées sans formalités judiciaires, lors même que les héritiers des actionnaires décédés se trouveraient en minorité.

Art. 61. Toutes les difficultés qui pourraient survenir entre la compagnie, d'une part, et les actionnaires ou leurs ayants-droit, les consignateurs, employés et ouvriers, d'autre part, relativement aux intérêts du Comptoir communal, seront soumises à deux arbitres nommés par les parties respectives.

A défaut par l'une des parties de nommer son arbitre dans les trois jours de la sommation qui lui aura été faite, il sera nommé d'office par le juge de paix du canton.

En cas de partage d'avis, les arbitres sont autorisés à choisir eux-mêmes un tiers-arbitre pour faire cesser le partage d'opinions. Lesdits arbitres seront même dispensés de l'observation des formalités judiciaires.

Les parties seront tenues de s'en rapporter à la décision des arbitres, et, en cas d'intervention du tiers-arbitre, à la décision de celui-ci, comme à un jugement en dernier ressort, sans pouvoir en appeler ni se pourvoir en cassation.

Art. 62. Tout actionnaire, consignateur, employé et ouvrier du Comptoir communal, souscrira une adhésion formelle aux présents statuts, avant d'être admis à aucune coopération.

Art. 63. Sur la proposition du comité des syndics, les présents statuts pourront être modifiés en assemblée générale, à la majorité des trois quarts des actions représentées à l'assemblée.

Néanmoins, la majorité simple des mêmes actions, représentées dans l'assemblée, suffira pour l'adoption des modifications ou changements qui seraient proposés par le gouvernement.

Les titres VIII et IX ne sont encore qu'une copie du Bulletin des lois cité, pages 638 et 639. Il n'est pas besoin d'un commentaire pour faire ressortir leur utilité.

Peut-être remarquera-t-on dans ce projet de statuts que certaines conditions du programme de la Société d'agriculture n'ont pas été complétement remplies : je dois à cet égard quelques brèves observations.

1°. L'objet principal et à peu près exclusif du *Comptoir communal* dont les statuts sont demandés, devait être l'entrepôt des denrées, avec prêt sur leur valeur. J'ai beaucoup agrandi le plan de ce nouvel établissement : l'entrepôt n'y serait plus qu'une des branches d'opérations, et encore l'une des moins considérables. En dépassant ainsi les bornes qui semblaient être posées, j'écrivais dans la pensée, devenue proverbiale, qu'ici *ce qui abonde ne nuit pas*. Si, en effet, on ne trouvait pas à affermer des terres, on se restreindrait facilement à l'entrepôt et aux manufactures; et si l'on ne pouvait ni cultiver, ni manufacturer, il ne serait pas moins facile de se borner à l'entrepôt seul. Les changements à faire aux statuts, dans l'un ou l'autre cas, sont trop simples pour qu'il y ait lieu de les détailler. De tels statuts seront toujours susceptibles d'être modifiés de bien des manières, selon les localités. Ce sera naturellement l'affaire des fondateurs.

2°. Une des conditions imposées par le programme était *le moyen de prévenir les accaparements qui pourraient influer sur la hausse ou la baisse trop considérable des denrées*. Je n'ai point abordé explicitement cette question, parce qu'il m'a paru que je pouvais m'en dispenser. Un Comptoir communal existant seul, sans établissements vicinaux de la même espèce, ne devra guère pourvoir qu'à son propre approvisionnement. Il se le ménagera de fait par l'usage de ne vendre qu'après plusieurs mois de dépôt les denrées reçues en conseing. Quant aux grandes mesures de précautions contre les disettes générales, elles ne pourront être prises que par un certain nombre de Comptoirs en activité. On conçoit aisément qu'organisé ainsi que je l'ai décrit, ce genre d'établissements ne laisserait rien à désirer pour la formation et la maintenue des greniers d'abondance.

Ici se terminent mes essais sur le sujet proposé par la Société d'agriculture et arts de Besançon. Il peut y avoir beaucoup à ajouter, corriger et même retrancher dans ces projets de statuts. Ce sera la tâche des agronomes zélés qui ne craindront pas d'approfondir la question, et de vouloir avancer un ou deux centièmes de leur fortune pour devenir fondateurs. Tout projet de statuts se discute et se perfectionne ainsi. Si l'on m'appelait aux conférences, je m'empresserais de répondre à la critique, aux diverses objections qui s'élèveraient et que je n'aurai pu prévoir.

Jusque-là ne suis-je pas fondé à croire à la justesse de mes démonstrations et aux preuves arithmétiques qui les appuient? Ne suis-je pas autorisé à penser qu'un Comptoir communal réunissant de si nombreuses chances de bénéfice et d'attrait, aura bientôt entraîné dans son mouvement tout ce qu'atteindra sa sphère d'activité? Aux riches il offrira de se charger de tous les soucis que leur causent le mode actuel de culture, de conservation des denrées, et la nécessité où ils sont de s'assujettir pour ces choses à des domestiques parasites, fainéants, inhabiles, et si souvent voleurs, ou d'entrer en relations avec des fermiers cauteleux, grossiers et insolvables. Il offrira aux pauvres du travail productif, stable, varié et très-peu fatigant. Il sera le point de contact le plus avantageux entre le gouvernement et les administrés, secondant l'un dans son action, lui fournissant des données enfin exactes sur le produit réel des terres, de l'industrie et du commerce, prémunissant les autres contre l'arbitraire, et contre leurs propres impulsions de licence et d'anarchie.

Quand les Membres de la Société d'agriculture contemplent les progrès qui chaque jour s'opèrent dans ce premier de tous les arts, soit en créant de nouvelles variétés de plantes céréales ou légumineuses, soit en inventant de nouveaux engrais et constatant à grands frais leur action fécondante, peuvent-ils sans mélange goûter la satisfaction d'offrir à leur pays d'heureuses découvertes? Hélas ! n'ont-ils pas toujours de l'amertume, le regret de voir que de tels bienfaits ne se propageront point; qu'ils seront perdus pour la masse des cultivateurs; que nulle part ne se trouvent des moyens positifs de réaliser en grand ce que les savants naturalistes ne peuvent effectuer qu'en infiniment petit?

Désirer l'emploi général des bonnes méthodes en agriculture, c'est vouloir l'existence des COMPTOIRS COMMUNAUX. Eux seuls peuvent, de plein droit et sans froissement, abolir de fait la vaine pâture. Eux seuls peuvent entreprendre la fondation des greniers de réserve pour les années stériles, le reboisement des monts, l'irrigation des plaines; en un mot, toutes les grandes améliorations qui, en triplant le produit des terres, comme à Champagney dans le domaine de M. Marin, doivent aussi, s'étendant de proche en proche sur une vaste contrée, opérer et garantir à la fois la restauration de notre climature, si viciée, si décevante, et la prospérité agricole de notre patrie.

Les Statuts d'un Comptoir communal sont insérés ici, au risque d'une sorte de disparate dans la distribution de ce petit Traité des Procédés Industriels. La disparate tient à la forme, à l'inconvénient de rompre le ton du début, d'intercaler cinquante pages dont la rédaction s'écarte assez du genre de ce qui les précède et les suit. Ce défaut de forme était obligé. Il fallait prouver que déjà nombre de personnes recommandables, de praticiens exercés, s'étaient occupés sérieusement des nouvelles questions proposées; que les vues auxquelles conduisait l'examen de ces questions, avaient été goûtées. J'ai cru devoir sacrifier à ces considérations l'avantage d'une forme plus rigoureusement méthodique.

Quant au fond des idées, celles que développe le projet de statuts, sont, je le répète, le plus naturel acheminement vers l'issue du régime morcelé, dont j'ai fait voir l'excessive malfaisance. Il faut des garanties contre tous les fléaux : les plus pressantes sont celles qui sauront le mieux prémunir toutes les classes de la société contre l'indigence, la fourberie, l'oppression, assurer à toutes les classes l'exercice de leurs facultés industrielles, et d'abord mettre effectivement tout individu en jouissance du Droit au travail.

Tout propriétaire d'un domaine considérable, toute réunion de petits propriétaires, peut tenter, avec chance certaine de succès, l'introduction de ces garanties, par la seule organisation des travaux agricoles, selon la méthode décrite dans les statuts qu'on vient de lire. Avec de tels moyens, une volonté forte et persistante suffira toujours pour la réussite. On se restreindra, dans le premier moment, aux dispositions les plus rapprochées des habitudes actuelles; on suivra en cela le précepte de la sagesse, *pauci, sed boni,* et en peu de temps l'on sera en mesure de passer au mode complétement sociétaire, mode dont nous allons traiter.

PROCÉDÉ SOCIÉTAIRE.

Les considérations qui précèdent sur les procédés industriels morcelé et mixte, ont démontré comment le mal provient de l'état d'isolement, et par suite d'incohérence dans lequel se meuvent alors les intérêts individuels. Le mal-être se manifeste à tous les degrés le l'échelle sociale, et d'abord dans le sein de la fanille ou ménage domestique, réduit au plus petit nombre d'individus, les époux, s'ils vivent tous deux, et quelques enfants.

C'est un fait de notoriété éclatante que pour trouver in administrateur, homme ou femme, capable de conuire le ménage avec quelque peu d'habileté, de lui réer des ressources, de gérer, conserver, faire fructifier le patrimoine, de remplir constamment les deoirs d'un digne époux, de pourvoir sagement à l'éduation des enfants, c'est, dis-je, un fait trop notoire u'il faut chercher dans quarante ou cinquante de nos ıénages morcelés, pour trouver un chef de maison ɔurvu, je ne dis pas des qualités désirables, mais ıulement d'une aptitude à peu près suffisante.

Sur quarante ménages actuels, il en est donc trenteeuf dont l'administration est plus ou moins mal enndue et défectueuse. Le père, la mère, les enfants, s ouvriers, les valets, n'y *possèdent* point, n'y *ob-*

6

tiennent point individuellement la part proportionnelle à laquelle le travail, l'apport primitif ou la naissance, le concours industriel, quel qu'il soit, leur donnent de justes droits. Le chef du ménage seul est censé producteur. La femme, les enfants, les ouvriers, les valets, n'ont que ce qu'il lui plaît de leur laisser, à moins qu'ils ne recourent à des voies quelconques, le plus souvent illicites, pour y suppléer. A ce conflit d'intérêts, inséparable du morcellement, est due la presque totalité des discordes intestines et des malheurs domestiques, malheurs les plus directs, les plus cuisants, les plus funestes pour notre existence physique et morale.

C'est donc dans le ménage qu'il s'agit avant tout de substituer au mode incohérent, pour la *production* et la *consommation*, le mode que nous avons nommé SOCIÉTAIRE; procédé moyennant lequel, ainsi que nous le ferons voir, le père, ou tout autre chef de ménage actuel, se débarrasse du faix sous lequel il est aujourd'hui courbé; et la femme, les enfants, les ouvriers, les valets, recouvrent l'indépendance, la faculté de produire pour eux-mêmes, de se livrer à la libre impulsion de leurs goûts naturels, sans qu'il puisse y avoir inconvénient pour eux-mêmes ou pour autrui.

L'homme a été créé avec des passions très-ardentes; il est soumis à l'indéfectible besoin de varier sans cesse ses affections et ses travaux, d'étendre sa sphère d'activité autant qu'elle peut être étendue. Dans l'absence d'un tel essor, le moral et l'intelligence de l'homme éprouvent la même lésion que subissent ses organes visuels ou auditifs, alors qu'au lieu d'errer sur une suffisante diversité de nuances, ils demeurent fixés sur une seule couleur ou frappés de l'émission d'un son invariable.

Par une conséquence nécessaire de ces besoins de diversion dont il nous a incontestablement doués, le Créateur a dû nous ménager des sympathies, des accords d'identité et de contraste, dans une grande masse de nos semblables. Il l'a dû pour multiplier les rapports des humains entre eux, augmenter les forces, l'efficacité de ces rapports, agrandir le cercle des chances sociales qui doit envelopper la terre entière (1).

Dès lors il y a pour l'homme impossibilité absolue de vivre heureux dans un cercle industriel et domes-

(1) Le lecteur pensera-t-il que, pour être fortement établi, ce point de fait aurait besoin de développements étendus ? Leur place n'est point ici : on les trouvera dans un autre écrit dont j'ai publié le premier tome, et dans lequel mes preuves sont déduites des traditions religieuses et des sciences naturelles. Qu'il me suffise pour le moment de rappeler qu'en toute chose comme en musique, si les individus manquent, il n'y a pas de combinaison possible. Si les sons n'étaient pas *individualisés*, espacés sur l'échelle musicale, on ne produirait aucun effet d'harmonie.

tique, circonscrit aux huit ou douze individus dont se compose le ménage familial.

Pour mettre un terme aux discordances de ce ménage, il faut donc, de toute nécessité, le supprimer lui-même; lui substituer une autre base sociale, ayant autant d'affinité avec les besoins essentiels de l'homme, que la base actuelle a d'incompatibilité avec ces besoins.

Richesse et santé; essors passionnels; justice et liberté : tels sont les besoins essentiels, les éléments du bien-être et les vœux de tout homme, femme, enfant. L'INDUSTRIE est le grand moyen de satisfaire ces besoins. Elle doit s'exercer sur les choses matérielles et sur les choses spirituelles. Elle est répugnante ou attrayante, selon son mode d'exercice.

Pour l'homme de toutes les conditions, depuis le docte le plus éminent jusqu'au plus misérable terrassier, l'industrie est répugnante dans le morcellement, parce qu'alors elle opère,

« Par les plus petites réunions en travaux de culture, ménage ou autres, » d'où naît le défaut d'aide, d'émulation et de gaieté.

» Par séances de la plus longue durée, de la plus grande monotonie, » et conséquemment très-fatigantes.

» Par complication la plus grande, affectant à un seul individu toutes les nuances d'une fonction, » l'empêchant de perfectionner telle nuance qui lui plaît exclusivement.

» Par la contrainte, le besoin, » et avec la perspec-tive de n'obtenir dans les produits qu'une part sans proportion avec la fatigue endurée, la valeur réelle du ravail exécuté.

L'industrie deviendra attrayante dans l'état socié-aire, parce qu'elle y opérera en contre-partie; c'est-ı-dire,

« Par les plus grandes réunions possibles dans cha-que fonction.

» Par séances de la plus courte durée et de la plus grande variété.

» Par subdivision la plus détaillée, affectant un groupe d'associés à chaque nuance de fonction.

» Par l'attraction, le charme, » et avec sûreté pour chaque individu, d'obtenir dans les produits une juste part, proportionnée à son intervention.

Tel est le but, tel doit être l'effet du mode sociétaire.

On y atteint si l'on sait remplir les conditions sui-antes :

« 1. Appliquer le lien sociétaire aux trois fonctions ıdustrielles primordiales, dont deux productives, l'*ex-ploitation*, dite culture et fabrique; la *consommation* u travail de ménage : puis à la fonction improductive u *distribution*, dite commerce, en la subordonnant ux intérêts des deux autres, et lui laissant le moindre énéfice possible.

» 2. Étendre le lien aux plus grandes masses locales,

afin d'obtenir les plus grandes économies et de ménager les plus nombreux essors *caractériels*.

» 3. Assembler des familles inégales en fortune et en tous sens, pour assurer la variété des travaux et la coopération de chacun à divers détails.

» 4. Associer lesdites masses dans leurs trois facultés industrielles, capital (si l'on en a versé), travail et talent.

» 5. Associer, quant au capital, dans les sept branches de fourniture, qui sont : 1. terres, 2. bestiaux, 3. denrées, 4. édifices, 5. mobilier de culture, 6. mobilier de fabrique, 7. mobilier de ménage, et — représentatif ou numéraire.

» 6. Trouver un moyen de répartition proportionnelle aux trois facultés, de manière à satisfaire chaque individu, homme, femme ou enfant, dans l'allocation des trois sortes de dividendes.

» 7. Opérer l'association en passionnel comme en matériel, concilier les classes antipathiques en les rendant nécessaires les unes aux autres. »

Telles sont les conditions qu'il faut remplir pour introduire le procédé sociétaire. Nous les précisons ici comme étant la thèse à démontrer : après avoir suffisamment développé l'exposition du mécanisme qui seul y satisfait, nous prouverons son efficacité, en faisant voir comment il garantit à chacun la richesse, la vérité, la liberté, la justice, et comment il se concilie avec toutes les exigences de la religion et de la morale.

La base du mécanisme sociétaire consiste dans une seule opération moyennant laquelle on parvient à unir les individus entre eux, de telle manière qu'ils forment autant de GROUPES qu'il y a de nuances, et autant de SÉRIES DE GROUPES qu'il y a de sortes de fonctions dans toutes les exigences, les occupations et modifications de la vie humaine.

Un groupe est l'assemblage spontané de plusieurs personnes ayant les mêmes goûts, sympathisant pour la même occupation. En industrie agricole, par exemple, neuf individus, plus ou moins, se plaisent à la culture d'une variété quelconque de poire; ils se rapprocheront, s'entendront volontiers ensemble pour se partager les détails de cette culture, y vaquer en s'aidant et se stimulant mutuellement. Les neuf poiristes n'auront pas tous également l'inclination ou l'aptitude à remplir le même emploi dans leur petite ligue industrielle. Les uns, comptant de longues années d'exercice, posséderont des connaissances théoriques plus approfondies; d'autres, dans la force de l'âge, seront plus habiles en pratique; d'autres encore tiendront le haut rang pour certaines gestions, telles que la comptabilité, la correspondance du groupe, etc.; ceux-ci préféreront s'occuper de la plantation, ceux-là de la taille, de la greffe, de la conservation des fruits, ou de tout autre soin. Le groupe entier reconnaîtra donc que chacun de ses membres doit être chef d'emploi, présider à son tour, quand s'exerce la nuance de fonction dans laquelle il excelle; et chaque membre, ainsi satisfait dans son amour-propre, s'accommodera fort bien de n'agir qu'au second rang dans les séances où il trouvera plus agréable de recevoir l'impulsion que de la donner.

Nos sociétés actuelles n'offrant aucun indice de ces groupes industriels agricoles, il convient, pour en donner une idée facile à saisir, de mettre en scène la chambrée militaire.

Supposons une escouade de douze lanciers : *Maurice*, maréchal-des-logis; *Eugène et Stanislas*, brigadiers; *Ludwic*, trompette; *Fréderic, Charles, Georges, Iwan, Philippe, Gustave, Alexandre et Casimir*, soldats.

Maurice doit son grade de maréchal-des-logis à l'ancienneté; il connaît bien la théorie et la pratique; mais *Casimir* soutient et prouve à l'évidence qu'il est meilleur écuyer, qu'à cheval il a plus de solidité et de grâce que *Maurice*; *Alexandre* a constamment montré plus de résolution dans la mêlée; *Gustave* manie la lance avec beaucoup plus d'adresse et de force; *Philippe* est supérieur dans l'escrime; *Iwan*, dans l'hippiatrique; *Georges* a plus de goût et de discernement pour la bonne tenue de l'habillement, et *Charles* pour l'équipement; *Fréderic* entend mieux les détails économiques de la chambrée; *Ludwic* distingue mieux les qualités du fourrage; *Stanislas* est plus exemplaire dans son assiduité, plus régulier et plus attentif à l'ordre; enfin *Eugène* entend bien mieux l'art du commandement, la bonne direction des exercices et des évolutions.

Chaque lancier peut donc à juste titre se plaindre qu'on lui donne son inférieur pour chef; qu'en déléguant à *Maurice*, avec son grade de maréchal-des-logis, onze sortes de fonctions dans chacune desquelles il reconnaît un maître parmi ses subordonnés, on nécessite l'incohérence, la subversion; l'on fait sciemment manquer les effets les plus brillants et les plus utiles; effets qui auraient été infaillibles si chaque lancier eût pris la présidence à son tour, au moment opportun.

Rien n'eût été plus facile qu'une telle disposition : l'escouade ne saurait être en même temps à l'écurie et à la parade, à la revue et à la salle d'armes, à la chambrée et au combat, au magasin et au champ de manœuvre, au manége et au marché. Formez les douze lanciers en hiérarchies différentes, déterminées par les différents besoins auxquels vous devez pourvoir; que chaque lancier soit maréchal-des-logis, revêtu de ses insignes distinctifs, dans la séance où tout autre ne pourrait présider avec autant d'utilité que lui; que dans cette séance le rang de chacun soit fixé par le degré de sa capacité, et vous aurez avec justice et efficacité pourvu à tous les besoins.

Ainsi se forme un groupe sociétaire : aucun de ses membres n'y convoite le grade que chacun envie aujourd'hui, parce que tout membre y est revêtu de ce grade, en déploie les prérogatives et les insignes, dans l'instant même où il doit vivement le désirer et acquérir le plus d'éclat et de mérite aux yeux d'autrui comme à ses propres yeux.

Tout membre d'un groupe est admis à se déclarer lui-même candidat pour l'emploi auquel il se croit apte, et il soutient ses prétentions en faisant ses preuves. Le plus souvent, par une suite nécessaire de la grande multiplicité et de la distribution naturelle des caractères, le candidat ne rencontrera dans son groupe aucun rival. Si par hasard il y avait des concurrents, la lice serait ouverte : les intéressés choisiraient leurs juges ; le scrutin déciderait ; et si le vaincu aime mieux ne point fonctionner du tout que de briller au second rang, il se retirera de ce fâcheux groupe. Cent autres lui sont accessibles et sauront bien le consoler.

La folle jalousie qui, dans le morcellement, nous fait trouver une sorte de déshonneur à échouer devant un homme plus habile ou plus favorisé que nous, tient surtout à notre éducation, à la longue habitude de voir le caprice ou l'arbitraire dicter presque tous les choix. Quand, dans les groupes sociétaires, nous aurons, dès le bas âge, vu la vérité, la stricte équité, présider à toutes les élections, nous nous sentirons autant portés à rendre hommage à nos vainqueurs, qu'aujourd'hui nous sommes enclins à les haïr.

Le groupe sociétaire n'admet dans son sein aucune égalité; mais aussi il ne reconnaît d'autres supériorités parmi ses membres, que celles de l'utilité réelle. Chaque grade représente le degré de cette utilité, et chaque membre du groupe a lui-même consenti la distinction des grades, parce qu'elle sert son intérêt personnel; parce qu'il y trouve la sûreté de ne faire que ce qui lui plaît, d'atteindre au rang qu'il ambitionne, de participer, comme il sera dit, à la distribution des produits, en raison de son concours à la production.

Chaque espèce, chaque variété d'occupations a son groupe organisé comme le groupe d'une variété de poire.

De pareils groupes industriels se partagent les diverses branches de l'agriculture, des manufactures, des arts et des sciences. Il se forme donc des groupes pour l'étude et l'utilisation de chaque fluide, électrique, lumineux, magnétique, aromal, aqueux, etc., et tous ces groupes composent la série des physiciens. D'autres forment pareillement les séries de grammairiens, de rhéteurs, de chimistes, de peintres, de musiciens, de drapiers, d'horlogers, enfin de toute fonction commandée par les besoins de la vie.

Tout homme, femme, enfant, que son inclination porte à prendre parti dans un de ces groupes, quel qu'il soit, y est aussitôt admis. On l'y reçoit d'abord comme élève ou postulant. Il obtient rapidement ses grades, et devient chef d'emploi dès le moment où ses collaborateurs, d'accord avec lui, jugent qu'il a plus d'aptitude et rendra plus de services qu'aucun autre dans la direction de tels détails dont il fait sa passion.

Chacun s'enrôlera donc facilement dans tel nombre de groupes qu'il lui plaira. Il n'aura à consulter que la trempe de son caractère pour fixer ce nombre. Si elle est faible, il se restreindra à 10 ou 20 séries. Si elle est forte, il en fréquentera plusieurs centaines.

Il sera ainsi pourvu à toutes les exigences caractérielles. La constance et l'inconstance pourront également se satisfaire. Toutes deux alors perdront leurs inconvénients et feront ressortir leurs avantages. Ignace sera libre, tous les jours et dans tout le cours de sa vie, de s'appliquer, par-dessus tout, à telle fonction où il prétendra n'avoir que des rivaux, et pas un maître. Que ce soit la greffe ou toute autre opération, il trouvera à chaque instant des groupes qui s'empresseront de mettre son talent à profit, rendront grâce à sa constance, l'exciteront à se surpasser encore. Ignace aujourd'hui n'a aucun de ces avantages : sa constance n'a guère que l'inconvénient de le fatiguer beaucoup lui-même, et, le plus souvent, de fatiguer plus encore les personnes qui l'entourent.

Le caractère de Paul est l'opposé de celui d'Ignace. Paul ne peut deux jours de suite s'occuper de la même chose. Ignace est plus porté à perfectionner, sauf à exécuter peu ; Paul veut exécuter beaucoup en peu de temps, ne supporte pas la constance qu'exige le perfectionnement. Parmi nous, Paul, par sa versatilité, Ignace, par sa ténacité prétentieuse, se rendent incommodes ; on les évite, on les repousse. Dans les groupes sériaires, Paul ne sera pas moins recherché qu'Ignace, car, s'il importe beaucoup à un groupe de perfectionner ses produits, il lui importe beaucoup aussi d'accélérer son travail. Il lui sera donc très-avantageux de posséder à la fois les caractères de Paul et d'Ignace : et comme un groupe se perpétue, se recrute sans cesse, n'est point, ainsi que l'individu, sujet à l'inconstance et à la mort, il n'aura pas plus à craindre la désertion de Paul que l'ennui de la manie exclusive d'Ignace.

Il y a *accord d'identité* entre les membres d'un groupe industriel, en ce que, de la coïncidence de goûts qui les réunit, naît une commune passion d'enthousiasme ou fougue aveugle, stimulant mutuel, semblable à celui dont l'énergique essor subversif s'observe aujourd'hui dans un groupe de combattants qui s'excitent à se surpasser l'un l'autre.

Il y a *accord de contraste* pour les membres du groupe industriel, en ce que, de la division entre eux des diverses fonctions auxquelles il faut vaquer, naît une rivalité, une fougue réfléchie, non moins stimulante que l'enthousiasme ou fougue aveugle, pour exciter au perfectionnement et à l'accélération des travaux.

Mais l'enthousiasme ne peut se soutenir plus d'une heure ou deux sans fatigue, sans satiété. La rivalité se change en aigreur, si la discussion se prolonge au delà d'un certain temps. Un contre-poids est nécessaire, et il se trouve dans la dispersion opportune du groupe, dont les séances doivent commencer et finir à l'instant fixé par le besoin naturel d'alternat. C'est un véritable troisième accord; *accord de transition* et de *contraire,* qui fait à propos quitter le travail devenu pénible ou dangereux, pour reprendre un travail différent et même opposé autant que possible. Il convient, par exemple, qu'après une séance de charrue où l'on a travaillé de force, on passe à la serre, pour vaquer par délassement aux menus soins des fleurs.

Moyennant ces trois sortes d'accords, tout homme, femme, enfant, s'évertue à créer les plus beaux, les plus nombreux, les meilleurs produits industriels, et par là concourt puissamment à la santé et à la richesse tant publiques que privées.

Le groupe réunissant d'ordinaire les trois sexes (masculin, féminin et neutre ou enfants impubères), ses membres ne se livrent pas moins à l'essor des affections du cœur qu'à l'essor des goûts industriels. Ils sont amis par affinité de penchants industriels et de penchants caractériels ; ils sont en ligue ambitieuse pour la gloire et pour l'intérêt ; ils jouissent de la justice, en se répartissant le produit par voie de scrutin, selon les bases de la stricte équité, ainsi que nous l'exposerons. Les sociétaires sont donc tous satisfaits dans les relations *internes* du groupe, sous le double rapport des sens et de l'âme.

Les relations *externes* des groupes se règlent entre eux dans les mêmes vues que les relations *internes* d'un groupe se règlent entre ses membres. Il ne s'agit toujours que de faire naître les plus nombreux accords possibles, en *identité*, en *contraste*, en *contraire*.

Pour y parvenir, la série classe ses groupes en raison du genre et de l'espèce de chacun d'eux. Elle adopte pour ce classement l'échelle musicale, qui est applicable à toutes les harmonies de l'univers. Si l'échelle est bien établie, chaque groupe, comme chaque son dans la gamme, est en scission avec ses contigus, et devient sympathique à la tierce, à la quarte, à la quinte, etc. C'est ainsi que, dans une série régulière, se forment tous les accords désirables.

Isolément formée dans le régime du morcellement, une série de groupes ne saurait avoir aucune efficacité pour le bien-être général, et tendrait le plus souvent à aggraver quelque malfaisance. Pour que la série de groupes ait la tendance que nous lui attribuons, il est de nécessité qu'elle puisse coïncider, pour toutes les choses industrielles et sociales, avec autant d'autres séries qu'il y a de choses différentes.

Ce qui se passe sous nos yeux depuis quelques années, rend cette vérité bien palpable : la corporation fondée par saint Ignace de Loyola, en tant que *série religieuse* (qu'on me passe l'expression), manifeste évidemment en elle-même de grands principes de vie, de force, d'utilité (1). Et pourtant, parmi les esprits éclairés, parmi les élèves mêmes des Jésuites, la majorité peut-être conteste qu'il y ait dans leur rétablissement plus d'avantages que d'inconvénients. Il est aisé d'accorder à chaque opinion ce qu'elle a de juste : la Société de Jésus est et sera toujours une excellente institution pour atteindre le but qu'elle se propose ou se proposera : elle méritera la louange, toutes les fois que son but sera réellement le bien, sans erreur ni fraude. La Société de Jésus aura toujours plus de chances pour le mal que pour le bien, tant que les intérêts privés seront en conflit avec les intérêts généraux; tant qu'elle fonctionnera sans contre-poids; tant que des corporations semblables à ce qu'étaient entre autres les anciens parlements, n'existeront point pour contre-balancer son action, lutter, s'il le faut, contre ses entreprises.

Les séries sont donc autant de rouages de la méca-

(1) L'auteur renouvelle l'observation que ce livre date de 1824. A cette époque on ne parlait que de Jésuites.

nique sociétaire, indispensables les uns aux autres. Leur ensemble se constitue par analogie avec l'ensemble d'un groupe; car tout doit se lier, tendre à l'unité, dans un tel mécanisme; et l'unité ne saurait exister si les parties constitutives n'étaient point homogènes, combinées entre elles par de nombreux rapports. De même que les individus forment les parties constitutives d'un groupe, les groupes forment les parties constitutives de la série dont ils sont les individus, et chaque série est un individu du ménage sociétaire. S'il est admis en axiome que le mouvement est constamment image et répétition de lui-même, on doit pouvoir le dire de la mécanique sociale comme de toute autre; comme on le dit d'une horloge, d'une usine, de l'organisme d'un insecte. Les séries se classent dans l'ensemble de l'organisation sociétaire, ainsi que les individus se classent dans le groupe, c'est-à-dire, en raison des fonctions qu'elles remplissent. Nous ferons de ce classement, quant aux applications et aux preuves, l'objet spécial d'un autre article. Pour le moment, nous devons nous borner à décrire les rouages et leur ensemble, puisque nous n'en sommes qu'à l'exposition, et nous attacher à faire ressortir, autant que cela est possible, dans cette notice descriptive fort sommaire, leurs avantages, leur but, la facilité de les créer et combiner.

Le ménage domestique et industriel du régime morcelé a été reconnu essentiellement vicieux, en ce qu'il se restreint au plus petit nombre de personnes. Le ménage domestique et industriel sociétaire approchera d'autant plus de la perfection, que le nombre de ses membres sera plus exactement proportionné aux exigences sociales. Or celles-ci, dans un ménage, sont toujours de deux sortes, 1°. le succès des entreprises d'industrie, 2°. l'essor des passions (1). Apprécions ces exigences.

Tout homme, femme, enfant, ne pouvant vivre sans les produits que donne l'agriculture, se sent, du plus au moins, une forte attraction pour ce genre d'industrie, qui s'étend à tous les règnes de la création, s'exerce sur les plantes, les animaux et les terres. De plus, l'agriculture est, de tous les genres d'industrie, celui qui offre la plus grande variété de travaux, les

(1) Dans le langage usuel, ce mot *passions,* employé ici à défaut d'un autre susceptible de le remplacer, se prend plus souvent en mauvaise part qu'en bonne part. On ne peut cependant refuser d'admettre qu'il y a des passions sublimes, comme il y en a d'odieuses. Celles-ci sont mouvement de l'âme vers le *mal;* celles-là, mouvement de l'âme vers le *bien.* Britannicus est céleste dans l'essor de son amour, qui le porte à tout ce qu'il y a de beau, de grand, de généreux : Néron est infernal dans le sien. L'un et l'autre ne font pourtant que se livrer à l'impulsion de la même *passion.* J'en conclus que l'acception de ce mot doit varier selon l'emploi qu'on en fait, et que je puis m'en servir en bonne part comme en mauvaise part, selon le sens que lui donne la phrase où il figure.

plus grands charmes pour les sens, les plus agréables occasions de rapprochements des groupes, quand on cultive d'ensemble. C'est donc une nécessité inhérente à l'organisation humaine, que de comprendre une exploitation rurale parmi les entreprises du ménage sociétaire.

Si le terrain de cette exploitation était peu étendu, la restriction des cultures s'opposerait aux grandes économies, n'offrirait que de faibles chances de bénéfices, ne comporterait pas une variété suffisante de sites, d'expositions, etc., pour diversifier les travaux et les produits. Si, au contraire, le terrain était trop étendu, les cultures exigeraient de longues courses, de grandes fatigues, un concours si nombreux de travailleurs, que la tendance à la confusion serait naturelle et difficile à maîtriser parmi eux. Toutes ces considérations établissent que la lieue carrée de 5 kilomètres de côté (2,500 hectares) tient un juste milieu entre la trop grande et la trop faible étendue d'une exploitation rurale sociétaire.

La population ordinaire d'une lieue carrée, dans les pays en pleine culture, est de 12 à 15 cents âmes. On calcule en effet qu'une famille agricole de dix individus, hommes, femmes, enfants, y compris les ouvriers de renfort pour les semailles et les récoltes, peut cultiver, selon la capacité de ses membres, de 20 à 30 hectares, dont un tiers en labours et potagers, un sixième en prairies naturelles, un douzième en vignes, et le surplus en pâtures et forêts. Dès lors on est autorisé à induire que, sous le rapport des exigences industrielles, le ménage domestique sociétaire doit être porté aux environs de *quinze cents* âmes.

Sous le rapport des exigences passionnelles, il faut, nous devons le répéter, tenir compte que, pour chaque sociétaire, l'un des premiers besoins consiste dans une grande diversité de travaux, permettant libre option entre plusieurs groupes adonnés à des occupations différentes. Tout individu se sent plus ou moins entraîné à multiplier ses connaissances, à agrandir le cercle de son industrie et de ses affections. Si le plus grand nombre peut se contenter de prendre parti dans une dixaine de séries, il est beaucoup de caractères de haut titre à qui soixante séries ne suffisent pas.

Supposons, en moyen terme, que chaque sociétaire veuille s'enrôler dans 16 séries : il devra pouvoir les choisir dans un nombre vingtuple, soit 400 séries, faute de quoi l'essor de ses goûts naturels serait gêné. Pour déterminer quelle population peut former 400 séries, il faut dire : si les grandes séries, à vingt groupes au moins, comptent plusieurs centaines d'enrôlés, d'autres séries n'ont que le plus faible nombre de groupes et une vingtaine de membres. Prenant encore ici le terme moyen, posons qu'en compte général toute série peut être censée de 60 membres : 60 multiplié par 400, produit 24,000; mais jamais les 400 séries ne sont en activité au même moment; cela ne se pourrait, puisque chaque sociétaire appartient à 16 séries ; la population doit donc être du seizième de 24,000, c'est-à-dire de 1500 âmes. Ainsi, les exigences passionnelles coïncident avec les exigences industrielles; les unes et les autres veulent que l'association domestique se compose d'environ quinze cents individus.

Admettons provisoirement ces appréciations, sauf à les rectifier quand le raisonnement et surtout l'expérience prouveront la nécessité de le faire. Qu'il y ait 50 ou 500 séries, leur mécanisme d'ensemble devra toujours se constituer de la même manière. On combine 50 séries entre elles comme on en combine 500; la seule différence est dans les résultats : il sera démontré ailleurs, que plus le nombre des séries est restreint, plus il y a de difficultés à les harmonier et à satisfaire les prétentions individuelles.

Dans l'ordonnance générale du mécanisme sociétaire, les séries, sous le rapport de leurs fonctions, se distinguent naturellement en trois classes.

La première classe comprend les séries des groupes *sociaux* proprement dits, et déjà bien connus dans notre régime morcelé, où malheureusement ils ne tendent guère qu'à la subversion. Ce sont les groupes d'amis, d'amants ou époux, de parents, de citoyens ou compatriotes. Il n'y en a pas d'autres dans l'état politique, et c'est pourquoi toutes les qualités qui font l'homme accompli, s'énumèrent dans ces seuls mots : « Il est BON AMI, BON ÉPOUX, BON PÈRE, BON CITOYEN (1). » Ces quatre groupes ne sont que l'essor effectué des grandes passions affectives de l'âme, passions nommées *amitié, amour, familisme, ambition*. Les séries de la première classe peuvent donc être plus spécialement qualifiées du nom de *séries affectives*, ayant pour but direct et immédiat la satisfaction des besoins du cœur.

La seconde classe se forme des séries de groupes plus particulièrement nommés *industriels*, constituant l'état économique de la société, comme les séries affectives en constituent l'état politique. Le but direct et immédiat des séries de la seconde classe est la satisfaction des besoins des sens.

La troisième classe comprend les séries des groupes dont les fonctions sont *mixtes* ou *ambiguës*. Servant de lien ou transition, ces séries unissent les groupes sociaux aux groupes industriels, et constituent, à proprement parler, l'état scientifique de la société. Leur

(1) Au lieu de *bon citoyen* on peut dire *bon sujet du Roi*, *bon noble, bon bourgeois*, etc., selon le goût ou l'opinion du lecteur. Toutes ces dénominations castiques sont synonymes, car elles expriment toujours que celui à qui on les donne est membre zélé de la corporation politique, quelle qu'elle soit.

but direct et immédiat est de pourvoir aux besoins cumulatifs de l'âme et des sens. Telles sont les séries d'instituteurs, de médecins, de musiciens, etc.

Chaque groupe élit, selon le mode que nous avons indiqué, ses représentants des divers sexes à l'assemblée générale de la série. Les représentants des groupes élisent à leur tour, selon le même mode, les députés de série à l'assemblée générale de classe, et ceux-ci instituent les délégués ou gouvernants du MÉNAGE SOCIÉTAIRE.

Le comité des délégués se composera de 16 couples ou 32 membres, dont 8 représenteront les séries de la classe n°. 1 ; 10 les séries de la classe n°. 2; 6 la classe n°. 3, et 8 l'ensemble de toutes les séries. Ces nombres de délégués ne sont point arbitraires; ils sont nécessairement déterminés par les différents intérêts généraux dont se constitue l'association domestique, et qui doivent être représentés dans le comité gérant. On s'en convaincra sans doute si l'on examine avec attention la nomenclature suivante :

Les quatre couples de délégués des séries de 1re. classe sont :

1°. A titre légitime héréditaire, ou de *familisme*, la femme et l'homme issus de la famille la plus ancienne, la plus considérable; tranchons le mot, de la famille seigneuriale, féodale ou autre, en possession de diriger la population en affaires de légitimité, de droits héréditaires, etc. : ainsi le couple de *familisme* siégera au fauteuil de présidence en toute séance du comité où il s'agira de délibérer sur un intérêt *familial*.

2°. A titre temporaire d'*ambition* ou d'*honneur*, les délégués seront l'homme et la femme élus comme ayant la plus grande aptitude constatée en régie d'affaires intéressant le lustre de l'association, sa gloire, sa fortune, et le lustre particulier de chaque sociétaire, ses mérites personnels, etc. Ce couple n°. 2 tiendra donc le fauteuil de présidence toutes les fois que le comité s'occupera d'un intérêt corporatif ou d'*ambition*.

3°. A titre temporaire d'*amour* ou *conjugalité*, la femme et l'homme élus comme ayant le plus haut caractère, la plus grande capacité en régie d'accords conjugaux, accords non moins importants pour la société, que ceux de famille ou de corporation ambitieuse. Ce couple n° 3 sera, si l'on peut s'exprimer ainsi, l'archétype des amants ou des époux, et tiendra le fauteuil de présidence en toute affaire ayant rapport au *mariage*.

4°. A titre temporaire *d'amitié*, le jeune garçon et la jeune fille élus comme ayant fait preuve du plus beau dévouement pour le bien de l'association et des individus. Ce dévouement est plus commun, plus naturel dans la jeunesse : on doit la traiter aussi favorablement que l'âge mûr, ne pas craindre d'élever un couple d'enfants, s'il le faut, au comité délégué, et à la présidence de ce comité, quand il délibère sur des affaires plus appropriées au jeune âge qu'à l'âge avancé.

Les cinq couples de délégués des séries de la classe n°. 2 seront :

5°. L'homme et la femme élus comme ayant les connaissances théoriques et les moyens pratiques les plus étendus en *Économie domiciliaire*, pour la construction des édifices, des chemins; la confection de tout ce qui, comme les appartements, les habits, les voitures, peut servir de *vêtement*, ou faciliter les relations matérielles.

6°. La femme et l'homme élus de même comme étant les plus experts en *Économie alimentaire*, pour toutes les préparations gastronomiques et hygiéniques.

7°. L'homme et la femme les plus experts en *Économie agricole*, pour tous les produits des règnes animal et végétal.

8°. L'homme et la femme les plus experts en *Économie manufacturière*, pour toutes les fabrications du ressort des arts et métiers, autres que ceux des trois articles précédents.

9°. La femme et l'homme les plus habiles en *Économie commerciale véridique*, pour les achats, ventes et échanges.

Les trois couples de délégués de la classe n°. 3 seront :

10°. L'homme et la femme élus comme étant les plus illustres dans les lettres.

11°. L'homme et la femme qui excelleront dans les sciences pures.

12°. La femme et l'homme les plus experts dans les beaux arts.

Enfin, les quatre couples d'ensemble de toutes les séries, couples que l'on peut nommer PIVOTAUX, seront :

L'homme et la femme doyens d'âge.

L'homme et la femme les plus riches de l'association en capitaux actionnaires.

L'homme et la femme qui fonctionneront et excelleront, de l'aveu de tous les sociétaires, dans le plus grand nombre de séries des trois classes.

Deux ministres des autels.

Il est évident qu'au moyen de l'intervention de ces seize couples, le comité gérant du ménage sociétaire sera incessamment en mesure de pourvoir à tous les besoins. Ses actes ne seront d'abord que de simples *opinions*, lorsqu'ils tendront à introduire des dispositions nouvelles. Ils seront convertis en *décisions* exécutoires par l'approbation de la grande majorité des sociétaires, quand il s'agira des intérêts de l'association entière; et de la majorité des membres de la série, quand il s'agira des intérêts privés d'une série.

Les actes du comité qui n'auront pour objet que de

constater un fait, par exemple, la force actuelle de la population, les naissances, les décès, la quotité des denrées, des capitaux, etc., seront définitifs dès l'instant de leur promulgation, et demeureront tels, tant qu'ils ne seront pas contestés, et rectifiés, s'il y a lieu.

Les membres du comité gérant doivent être nombreux, parce que les intérêts qui leur sont confiés sont divers et fort étendus. Il convient qu'il y ait beaucoup de délégués, parce que c'est l'unique moyen de satisfaire les prétentions différentes et d'assurer la concorde. Nous avons démontré cette vérité (p. 128), en analysant le groupe sociétaire. Il est nécessaire, pour le contentement du cœur, que chacun puisse se considérer, *au moins sous un rapport quelconque*, comme étant le *premier* de son canton, et déployer les marques distinctives de son titre spécial. On n'y parviendra, il est vrai, qu'en daignant descendre à de minutieux détails; mais c'est précisément en ménageant tels détails à telles personnes, que l'on simplifie les rouages sociaux. Vous chargez un maire de pourvoir à tout dans sa commune, et le plus souvent il n'est pourvu à rien. Vous vous fiez à telle ménagère pour les détails compliqués à l'infini dans ce qu'on appelle une grande maison; et votre linge se perd, vos approvisionnements de bouche se gâtent; vous êtes mal servi, mal nourri. Ne vaut-il pas mieux employer exclusivement chacun aux choses de son aptitude, disposer la machine domestique de manière à simplifier le service individuel de ses agents, au lieu de compliquer ce service en faussant le ménage ?

Le comité gérant veille à cette importante simplification : il tient les bureaux de recensements, de classement préparatoire des séries ; les bureaux de comptabilité générale, de distribution des logements, cultures, manufactures, etc. ; il préside les assemblées plénières, les assemblées de bourse où se négocient toutes les séances de travail ou de fête pour chaque heure du jour et pour chaque jour de la semaine ; en un mot, il pourvoit à ce que tous les éléments de l'association domestique se combinent sans froissement, sans incohérence, de manière à produire les résultats que nous allons exposer, et qui prouveront combien il serait erroné de ne voir dans de semblables arrangements autre chose que les jeux de l'imagination.

RICHESSE GRADUÉE.

Si les sons n'étaient point gradués en échelle, la musique, la parole même n'existeraient pas. Un bruissement monotone et confus frapperait notre oreille, sans comporter aucune possibilité d'accords et d'harmonie. Il en est des caractères et des fortunes comme des sons. Pour former une harmonie sociale, il faut pouvoir en graduer les éléments, aussi bien la richesse ou abondance matérielle, que la richesse passionnelle ou abondance des belles et bonnes qualités des âmes.

L'indigence, état de l'homme qui n'atteint pas encore le plus bas degré de l'échelle des fortunes, n'est point, dans le régime sociétaire, cet extrême dénûment, si fréquent et si hideux dans le régime morcelé. Les séries d'*infirmistes,* de médecins, de pharmaciens, administrent gratuitement à l'indigent malade tous les secours désirables. Il est subvenu à cette nature de dépense par un prélèvement à titre d'*oblation sacrée,* fait, comme celui des contributions publiques, sur la masse des produits de l'association, avant tout partage entre les séries, les groupes et les individus.

Si l'indigent est en santé, l'association lui fournit, à titre d'avance sur le produit de son travail, tout le nécessaire en logements, vêtements, subsistances. Il est clair, d'une part, que rien n'est plus facile que cette avance, dans un ménage de 1,500 personnes, organisé en mode sériaire; d'autre part, que le produit du travail passionné de l'indigent est une garantie plus que suffisante du remboursement.

Ainsi pourvu du nécessaire, l'indigent est admis à fonctionner dans toutes les séries d'industrie : on le reçoit de même aux séries de plaisir, dont l'association fait les frais. Seulement, pour stimuler en lui les essors industriels productifs, on observe de le placer au théâtre en 3e. loge, et aux repas en table de 3e. classe.

C'est là le sort de celui qui, né dans l'indigence, n'a pas su encore, faute d'énergie naturelle, s'élever à une plus grande aisance, facile à acquérir dans les séries de groupes. Or, par une conséquence de son manque d'énergie, un tel être est modéré dans ses désirs, s'estime heureux de son *minimum* social, borne son ambition ultérieure à paraître une ou deux fois par mois aux tables de 1re. classe, aux premières loges du théâtre, faveur que l'association lui accorde volontiers.

Le minimum social affecté aux sociétaires qui, nés riches ou parvenus à la richesse, viennent à éprouver des revers de fortune, diffère du minimum concédé à ceux qui n'ont d'autres habitudes que celles de l'indigence. Telle princesse est très-pauvre avec 15,000 fr. de rente, tandis que ces 15,000 fr. seraient une grande richesse pour telle couturière. Le minimum d'un prince, en cas de revers de fortune, doit donc être proportionné à ses besoins relatifs. Les longues habitudes dans lesquelles un homme a vécu, sont toujours considérées; en association ainsi que dans le morcellement, comme une *seconde nature,* aussi impérieuse, aussi réelle et digne d'être satisfaite, que la nature première ou brute. Il y a en cela rigoureuse justice; car si la société a trouvé bon et avantageux pour elle, que tels hommes, telles familles, de qui elle a reçu des services, entrassent en jouissance d'une fortune méritée, elle a voulu elle-même qu'ils contractassent des habitudes d'aisance. Dès lors elle s'est engagée à venir à leur aide, en cas d'infortune, dans une proportion plus grande que pour les autres classes de la société. Un minimum proportionnel est donc acquis à chaque classe; et pour chaque classe, c'est toujours le *minimum*, le moins qu'on puisse posséder.

Le but principal de la richesse est de satisfaire les besoins des sens. Ainsi que nous l'avons démontré, ces besoins sont les plus urgents de tous: on ne saurait mettre trop d'attention à les discerner, les classer et y pourvoir.

L'association avise d'abord aux dispositions les plus propres à garantir au TACT ses nécessités et son essor. Elle distribue à ses séries un vaste édifice, n'importe sur quel plan de construction, carré-long ou équilatéral. Le meilleur est celui qui réunit les plus grands avantages pour s'abriter contre les intempéries, maintenir le bon état sanitaire, se ménager la plus grande facilité de relations entre les individus, les groupes et les séries. Il y aura plusieurs étages, pour rapprocher les appartements, qui seront de divers prix gradués. Des escaliers, des corridors, des couloirs, permettront aux sociétaires de circuler sans fatigue, de se rendre aux salles d'assemblée, aux étables, aux ateliers, sans s'exposer aux injures de l'air, sans avoir à craindre les influences du froid, de la pluie ou de l'excessive chaleur.

Chaque sociétaire, dans les diverses séries, sera pourvu d'un assortiment d'habits et d'objets d'équipement, moyennant lequel il travaillera sans aucun danger de lésion *tactuelle*. Il aura d'autant moins à craindre cette sorte de lésion, que, par l'exercice sériaire, il se sera dès le bas âge habitué à tout ce qui peut concourir à la propreté, et formé à la plus grande dextérité dans les divers travaux.

L'essor du sens du Tact sera favorisé par les précautions mêmes qui auront été prises pour rendre les logements, les vêtements sains et agréables. En plein air, dans les travaux de culture, le Tact devra encore trouver protection et jouissance sous les ombrages artistement distribués par séries. Les arbres, les haies, les tentes, en cardant les vents, ne laisseront arriver que les caresses du zéphir.

Les groupes et séries tiendront leurs séances au moment où aucune intempérie ne sera à craindre. S'il y a urgence de braver la mauvaise saison, rien ne sera négligé pour annuler ses effets sur la santé des travailleurs, l'organisme même des séries fournissant tous les moyens de précaution. Ainsi, Antoine qui, dans le morcellement (pag. 17), souffre et meurt parce qu'il n'a pu se garantir des lésions du Tact, sera pleinement prémuni contre elles, dans le régime sociétaire. Bien plus, la santé d'Antoine, sous ce rapport, deviendra plus sûre, plus énergique, par l'essor auquel il aura pu se livrer pour son propre plaisir. Les sens non exercés sont aussi dépourvus de santé positive, qu'une âme inerte est dépourvue de vertu sociale.

Les nécessités et l'essor du sens du Gout n'ont pas moins d'exigences que les besoins du sens du tact. L'association met à l'approvisionnement de ses manutentions alimentaires la même attention qu'à la construction des logements et à la confection des vêtements. Tout ce qui peut satisfaire le Gout, sera, par les séries de groupes, méthodiquement soigné dans les celliers, caves, greniers, cuisines. Un ordre parfait, sous ce rapport, ne saurait exister hors des séries. Elles seules peuvent, avec un succès constant, effectuer les économies inhérentes à une grande gestion qui utilise tout, ne laisse aucune denrée se gâter ou se perdre, entretient la plus prodigue abondance. Alors chaque homme, femme, enfant, ayant la certitude de *manger et boire* à son appétit, et, s'il lui plaît, à cinq repas par jour, évitera fort bien les excès. Ce n'est point l'abondance habituelle, c'est la disette qui porte irrésistiblement aux excès. Le potentat, comme le rustre, s'il a passé deux jours dans un désert sans vivres et sans eau, se livre à une gloutonnerie délirante, aussitôt qu'il peut prendre place à un festin. La trop grande rareté de la bonne chère, la crainte de laisser échapper

7*

l'occasion, qui peut-être ne reviendra pas, de jouir pleinement des plaisirs du Gout, telles sont, dans le morcellement, les grandes causes de la commune intempérance et des maux qu'elle entraîne.

La loi de graduation est observée, dans le ménage sociétaire, en servant d'abord les tables de première classe ou des riches; elles ont les mets recherchés. Les tables de deuxième classe viennent ensuite; puis celles de troisième. La deuxième classe profite de ce qui est resté du buffet de la première : la troisième classe ajoute aux mets spécialement préparés pour elle les bons morceaux laissés par les deux autres. De cette sorte, il y a vraie et délicate profusion; et les convives du troisième repas n'ont rien à envier à leurs prédécesseurs des deuxième et première tables. Dans chaque classe, surtout aux repas où l'on disserte sur les convenances hygiéniques des divers mets, les tables des hommes, des femmes, des enfants, sont distinctes. On sait que les goûts des sexes diffèrent beaucoup en choix alimentaires; que tels mets qui conviennent aux hommes, déplaisent aux femmes et aux enfants; il faut donc les assortir selon leurs besoins, si l'on veut ne pas les léser dans l'exercice du sens du Gout. On trouve fort sage, aujourd'hui, ce qui tend à prévenir la lésion en fait de liberté individuelle; il est beaucoup d'individus qui préféreraient la garantie de bonne chère. Et qu'on ne dise pas que ce sont des sots, des êtres méprisables, car ils sont aussi fondés qu'un fier républicain, à soutenir qu'ils obéissent à la noble impulsion de la nature. Elle leur crie qu'il faut jouir des bons morceaux, comme elle crie à Fabius qu'il faut jouir des bonnes places municipales ou militaires. Le gastronome et l'ambitieux suivent l'un et l'autre la loi du même mobile, d'une passion, sensuelle chez celui-ci, animique chez celui-là. Tous deux sont honorables dans leur passion, quand elle tend au bien : la tendance au mal est seule vicieuse.

Nous avons vu l'oisiveté d'Hippolyte naître de la grande énergie qu'a en lui la passion sensuelle du Gout ; l'oisiveté porte plus encore aux excès, parce que c'est dans les excès que se noie le souci, que s'oublient les torts dont un homme oisif ne peut effacer le sentiment dans sa conscience intime. Dans le régime sociétaire, Hippolyte ne saurait entretenir un tel vice. Outre la honte qu'il en éprouverait et dont il n'a point à s'inquiéter parmi nous, il ne parviendrait pas à s'affranchir de la coutume générale d'abréger les séances de table comme on abrège les séances de travail.

En toutes réunions, les membres d'un groupe ne s'oublient jamais : d'autres séances les attirent puissamment. Comment ne céderaient-ils pas à un nouveau charme, au moment où, dans un repas ou dans toute autre occupation, l'enthousiasme se refroidit, s'use et tombe ? Est-il un brave qui, sur la fin de son dîner, veuille encore tenir table quand le tambour bat? Au premier coup de baguette, il se lève et s'élance. Tel, et plus rapide encore, sera le généreux mouvement de tout membre d'une série industrielle ou politique : elle est, comme la série militaire, stimulée par l'honneur et l'ambition, la gloire et l'intérêt.

Les sens de la VUE et de l'ODORAT trouvent en grande partie leur satisfaction et leur essor dans les dispositions faites en garantie du TACT et du GOUT. L'association introduit partout la plus gracieuse combinaison des formes et des couleurs, des purifications et des parfums. Tout grand MÉNAGE SOCIÉTAIRE a sa salle de spectacle, ses fêtes et ses pompes, où il étale son luxe. Chacun y participe, au rang et avec les attributs de son mérite rigoureusement constaté. Chaque série, chaque groupe apporte le même soin à faire ressortir toutes ses beautés, en déployant le plus grand luxe, parce que plus il s'acquiert ainsi de moyens d'attraction, plus il enrôle de sociétaires dans ses intérêts, excite l'enthousiasme et l'émulation productive.

L'association ménage les nécessités du sens de l'OUÏE, en reléguant loin des logements, aux extrémités de ses édifices, les ateliers et magasins bruyants, dont le voisinage, à peu près inévitable dans nos villes, est un vrai supplice. L'essor et les plaisirs de l'OUÏE sont assurés par le grand soin avec lequel les séries exercent, dès le bas âge, chaque individu à bien parler, bien chanter, bien jouer des instruments de musique. En toute occupation industrielle, les mouvements et les bruits qu'elle nécessite sont mesurés, à l'instar des exercices militaires et des jeux de l'enclume ou du battoir en grange. Les chanteurs faux ne sont tolérés dans aucun lieu public. Lorsqu'ils veulent contenter leur fantaisie, ce dont ils sont laissés entièrement libres, ils doivent se retirer à l'écart avec leurs adhérents.

Toute série de groupes industriels entretient un atelier minime pour l'éducation des enfants. On leur réserve et on leur fait exécuter tous les travaux utiles à leur portée. Le régime sériaire ne permet point à des athlètes de trente ans d'employer leurs bras nerveux et velus au transport d'une tasse de café, au plumage d'un bec-figue, au triage d'un carteron de pois. L'âge mûr aurait honte de vaquer à de telles minuties; il les laissera à la basse enfance. Des hommes n'envahiront plus la coupe et la couture d'habillements dont la confection est l'apanage exclusif des femmes. Ce n'est qu'en affectant aux divers âges et sexes les ouvrages productifs que le Créateur même leur a ménagés, qu'il est possible d'arriver à la justice distributive, et de garantir à chacun les voies de son avénement à la richesse graduée.

Chaque homme, femme, enfant, a son compte ouvert dans chaque série, et au grand livre de l'association domestique. Les hoiries échues aux mineurs y sont inscrites et administrées à leur profit exclusif. La régence de comptabilité ne confond jamais ce qui revient à deux époux, à deux sœurs, à un père et à ses fils. Libre à eux de mettre leurs biens en commun, les registres sociétaires doivent invariablement les supposer séparés et distincts, ce qui ne gêne en rien les donations. Par là on met fin à la coutume, si choquante et si générale parmi nous, d'obliger tantôt le père, tantôt le fils, ou la mère, ou la fille, de pourvoir aux besoins de toute une famille. Il est vertueux, sans nul doute, de venir au secours de sa femme, de ses enfants ou autres parents; mais il est d'une injustice frappante d'imposer à tel individu, parce qu'il a peut-être un peu moins de dissipation, une charge purement personnelle au sujet en santé, et légitimement réversible à la société entière, quand ce sujet est infirme, hors d'état de travailler.

Tout ce qu'un sociétaire fournit à l'association domestique, en numéraire, en mobilier de ménage, de fabrique, de culture, en édifices, denrées, bestiaux et fonds de terre, est capitalisé par un inventaire estimatif, dressé de gré à gré. Ce capital est représenté par une ou plusieurs actions, un ou plusieurs coupons d'action hypothéqués sur la masse des biens meubles et immeubles de l'association. De cette sorte la mobilité des capitaux est absolue, le crédit certain pour leurs propriétaires.

Ces nombreuses dispositions de richesse graduée

doivent en tous points satisfaire les besoins de l'existence corporelle. L'admirable tendance du régime sériaire vers ce grand but est, comme on le voit, d'une évidence complète. Nous y reviendrons plus loin : quant à cet article, il convient de le terminer par une réponse à quelques objections que reproduisent sans cesse les gens trop imbus de préjugés pour concevoir mieux que ce qui se passe dans le morcellement.

« Là où il n'y a point de pauvres, redit-on, il ne » peut y avoir des riches. La pauvreté, la misère même, » est indispensable pour obtenir certains travaux qu'un » riche ne voudra jamais exécuter. Si vous garantissez » aux indigents un sort aussi heureux que doit l'être » votre minimum d'aisance, ils refuseront au même » instant tout ouvrage qui ne leur agréera point. — Où » prendrez-vous l'immensité de richesses que vous pro- » mettez? — Que servira à un Rotschild de posséder » des centaines de millions, si le pauvre, par vos dispo- » sitions sériaires, obtient autant de bonheur que le » riche peut s'en procurer? »

Je pourrais ne voir dans ces discours que la défiance de l'égoïsme aveugle, l'aberration ordinaire des esprits qui ne veulent point tenir compte de ce qui leur est dit et répété. N'avons-nous pas posé en principe que, dans un ordre social quelconque, à base morcelée ou à base sociétaire, la graduation, et par conséquent l'inégalité des fortunes, est de nécessité absolue? Nous avons donc reconnu l'impossibilité de l'existence d'une société où il n'y aurait pas des pauvres et des riches. Mais serait-il moins injuste, moins inhumain de maintenir les pauvres dans l'abjection de nos mendiants de bonne foi, qu'il serait criminel de vouloir qu'une moitié du genre humain restât malade afin que l'autre moitié jouît d'une bonne santé, ou de vouloir que la population des champs ne sût ni lire, ni écrire, sous le prétexte que le lustre des savants en aurait plus d'éclat? Un athée, un détracteur impudent de la Providence divine, est seul capable de croire qu'il a pu entrer dans les plans du Créateur de ne donner à l'industrie d'autre véhicule que la peur de la famine ou du knout, ainsi qu'on le voit dans le morcellement.

Le minimum concédé dans les séries suppose toujours que les séries rendent le travail assez attrayant pour dissiper toute crainte de voir aucun homme, femme, enfant, refuser d'y prendre part. Et s'il était dans la nature quelques individus absolument dénués de goût pour l'exercice attrayant d'une industrie quelconque, leur nombre serait si réduit, si insignifiant, que l'association pourrait, sans s'en soucier beaucoup, les joindre à la classe des infirmes, et les traiter comme tels, par acte de charité religieuse.

Pour renforcer les attraits industriels qui lui sont propres et que nous avons déjà décrits, l'association aura recours à un levier très-puissant, même dans le morcellement. Plus un genre de travail sera répugnant, plus elle y attachera de récompenses honorifiques. Rien assurément ne répugne plus à l'homme que la mort. Le souverain, la nation offrent la couronne civique, et à l'instant les guerriers se présentent en foule pour affronter la mort. Chaque série, de même que l'association entière, élèvera aux premières dignités ceux qui auront fait preuve du zèle le plus généreux pour l'enlèvement des ordures, le curage des fosses, le travail des boucheries, des tanneries, des forges. Ces sortes d'ouvrages seront confiés surtout à la jeunesse impubère de 10 à 15 ans, qui notoirement se fait un jeu de se vautrer dans la fange. Son ardente inclination à la saleté ne lui est-elle pas donnée par la nature, pour que la société en tire toute l'utilité possible? Partout les séries industrielles vouées aux travaux immondes doivent être révérées comme ces corporations religieuses de pères de la rédemption, de chevaliers de Rhodes, qui, pour le soutien de la chrétienté, font vœu de se rendre chez les Turcs ou de les combattre, en s'exposant à toutes les chances de l'esclavage et du supplice. Les membres du groupe de la triperie, par exemple, seront, aux yeux de tout sociétaire, autant d'amis dignes de vénération pour leur généreux dévouement, de reconnaissance pour avoir affranchi leurs co-associés de la nécessité de passer quelques heures dans un atelier ou à un travail qui leur inspire du dégoût.

Peut-être serait-il aujourd'hui très-difficile de donner cette noble impulsion à l'opinion publique. Le morcellement rend les plus sages améliorations à peu près impraticables, surtout quand il s'agit de sortir du cercle des habitudes contractées. Mais dans la convergence sériaire, il suffira d'un jour pour introduire une opinion saine, féconde en utiles résultats, comme le sera l'opinion du haut mérite des séries vouées aux travaux répugnants.

Alors, riche ou pauvre, tout enfant, tout sociétaire élevé dans les séries, voudra par honneur vaquer à ces travaux : il y sera d'autant mieux porté, qu'on s'y rendra LIBREMENT et pour de très-courtes séances.

On a vu (pag. 44), que les deux tiers au moins de la population du globe sont actuellement improductifs. Le globe ne possède donc pas un tiers des richesses que créera la seule chance du retour des improductifs au travail. Si à cette chance on ajoute celles qui, dans le régime sociétaire, naissent de l'esprit de propriété (1), des dispositions de stricte économie, de l'extension des

(1) Chaque sociétaire est, en participation, propriétaire du canton entier où il a placé son capital, où il exerce son travail et son talent. Il dit avec une noble fierté : Nos palais, Nos cultures. Par cette seule émulation, nous le verrons métamorphosé comme l'ouvrier qui faisait peu et mal quand il était à gages, et qui devient un prodige d'habileté et de diligence quand il travaille en maître. C'est toujours là, du plus au moins, l'effet de l'esprit de propriété.

procédés mécaniques, de l'accroissement de la santé et de la force corporelle, par l'emploi d'une gymnastique bien entendue, et d'une savante gastronomie hygiénique, on concevra aisément que l'association aura une masse de richesse décuple de celle aujourd'hui existante. Alors rien ne sera plus facile que la garantie d'un minimum d'aisance à la classe pauvre.

Avec ce minimum, la vie de l'indigent sera certainement plus agréable que ne peut l'être la vie de nos riches, éprouvant cent sortes de privations et d'ennuis, inséparables du régime morcelé. Mais toutes les proportions resteront les mêmes : autant les jouissances actuelles du riche sont préférables aux bribes du pauvre, autant ces mêmes jouissances, dans le régime sociétaire, seront au-dessus du minimum. Aux riches appartiendra toujours le privilége exclusif de se livrer à toutes les illusions du faste, de donner des fêtes brillantes, de posséder les plus précieux produits de la nature et de l'art. De ce qu'un prince savoure les mets et les vins les plus renommés, s'ensuit-il qu'il satisfasse son appétit mieux que ne le fait tel maltotier dont le repas est moins coûteux, parce que le cuisinier est moins célèbre? Certainement non. Dans le régime sériaire, le minimum n'atténuera pas plus les avantages acquis au riche, qu'aujourd'hui l'extrême misère du pauvre n'atténue ces mêmes avantages.

Loin de là, le riche devra à ce minimum la cessation

de la plus grande entrave qui le prive aujourd'hui d'une foule de jouissances. En effet, c'est par suite de la misère et de l'abandon où elle vit, que la grande masse du peuple doit demeurer sans éducation, et par conséquent être impolie, brutale, répugnante au physique et au moral. Dans cet état de choses on voit, d'une part, la société du riche, c'est-à-dire le cercle de ses affections amicales, se restreindre à un si petit nombre de personnes, que le plus souvent il ne trouve parmi elles aucun caractère sympathisant avec le sien. D'autre part, le riche est forcé d'étouffer en lui ses goûts industriels, de se résoudre à une nullité aussi fatigante que honteuse, par l'impossibilité où il se trouve d'entrer en relations de travail avec les ouvriers grossiers, malpropres, astucieux ou stupides, qui aujourd'hui peuplent les ateliers.

La seule introduction du minimum fera disparaître ces causes de privations, de froissement même, qu'éprouve le riche dans l'essor de ses inclinations du cœur, de l'esprit et des sens. Avec le minimum, tout pauvre se défera de sa crasse en un instant; il se fera aussitôt un mérite de l'urbanité, un honneur de plaire à ses cosociétaires, riches ou pauvres, et ceux-ci n'auront plus envers lui de raison de dédain ou de repoussement : le riche pourra dès lors se livrer à mille penchants, goûter mille plaisirs que, sans le minimum, il ne peut se procurer à aucun prix.

VÉRITÉ PRATIQUE.

Il y aurait possibilité de dire avec assez d'exactitude, que la vérité est pour l'âme ce que la richesse est pour le corps. Quand les affections morales, les conceptions intellectuelles sont vraies en nous et autour de nous, nous sommes heureux; le charme d'une satisfaction parfaite se répand dans notre âme. Quand, au contraire, le mensonge, l'astuce, l'ingratitude, c'est-à-dire l'assemblage des impulsions les plus opposées au vrai, vient à se manifester, alors l'ennui, le remords, la misanthropie, abreuvent l'homme. Ce sont autant de tourments en analogie avec les souffrances de la misère. L'aspect de la richesse offense l'indigent, redouble le sentiment de ses privations : ainsi l'aspect de la vérité blesse le fourbe. Bien plus, elle déplaît même à l'homme dont le cœur et l'esprit se sont involontairement faussés, par l'habitude de ne rien voir qu'à travers le prisme des préjugés, par l'habitude de vivre au sein de cette commune injustice, si énergiquement caractérisée dans l'exclamation du Roi-Prophète : *Non est qui faciat bonum; non est usquè ad unum!* (Il n'en est pas qui fasse le bien, il n'en est pas un seul! *Ps.* 53.)

L'affection amicale ou ambitieuse, la conception industrielle, en un mot tout mouvement moral ou intellectuel de l'âme est *vrai*, quand, loin d'aucun effet nuisible, il tend directement au bien individuel et collectif. Cette tendance se montre dans l'enthousiasme qui nous fait élever au plus haut degré le perfectionnement ou la quantité d'un produit. Le fameux *Ed anch' io!...* de Michel-Ange, est le cri d'un enthousiasme qui perfectionne avec toute la passion du vrai. L'énorme déblaiement opéré en vingt-quatre heures, dans la fosse Beaujon, par les mineurs de Liége, n'est aussi que l'acte d'un enthousiasme vrai, ardent, que rien n'étonne, qui se joue des obstacles, n'y réfléchit point, ne sent que le plaisir et la gloire de ravir d'infortunés amis au plus pressant danger.

Dans le morcellement, une semblable direction de l'enthousiasme est fort rare, fort difficile à se manifester, parce que, nous ne saurions trop le répéter, le travail honnête est alors répugnant, sa récompense incertaine ou nulle; et surtout parce qu'alors la fortune et même la gloire ne se trouvent guère que sur les voies de la fourberie. La sorte de véhémence industrielle que cet état de choses comporte, n'est plus le noble et véridique essor de Michel-Ange ou des mineurs liégeois; c'est la manie de l'usurier, la joie cupide du spoliateur qui saisit l'or convoité.

Dans l'ordre sociétaire, la vérité doit être, comme la fourberie dans le morcellement, un essor naturel de l'intérêt individuel. Ici l'on est fourbe dans des vues de gain et de fortune, p. 11-33. C'est dans les mêmes vues de fortune que là on doit être vrai. Les séries de groupes arrivent par double voie à la vérité pratique. D'une part, elles mettent toutes les actions à découvert, constatent la juste valeur de toutes choses, et rendent ainsi la tromperie impraticable; d'autre part, elles assignent le fort dividende, le haut mérite, au sociétaire qui a fonctionné avec l'enthousiasme le plus franc, et excitent ainsi à préférer, par calcul même, la vérité à la fausseté.

Dans l'organisation sociétaire, chaque homme, femme, enfant, a grand soin de prendre part aux séances journalières de la bourse, où se règle à l'avance l'emploi de tous les instants. L'un des principaux objets de ces séances est de fixer les heures d'assemblée des groupes pour le lendemain, le surlendemain, et même pour les jours suivants, si l'on y trouve convenance. Tout y est prévu : on y arrête, pour la même heure, l'occupation à laquelle on vaquera en cas de bonne ou mauvaise température, sauf encore à contremander, si des incidents surviennent et nécessitent l'ajournement.

Chaque homme, femme, enfant, a toujours la faculté d'opter entre plusieurs séances de ses groupes, convoquées pour la même heure. En cas d'ajournement de celle qu'il a choisie, il se rend à une autre, ou à la réunion substituée, que d'ordinaire on négocie en décidant l'ajournement.

Moyennant ce régulier et public emploi du temps, les pêcheurs Pierre, Jacques et Jean ne pourront plus travailler peu, travailler mal, ou esquiver entièrement la tâche, ainsi qu'ils le font dans le morcellement. Il ne leur sera plus possible de muser, les bras croisés, dans leur barque, en narguant le propriétaire de l'étang, qui ne paiera pas moins le salaire de la journée. Ils ne pourront pas davantage s'abuser l'un l'autre sur l'intervention de chacun, sur le produit réel de la pêche, etc.

Entraînés dans les rapides accords d'identité et de contraste que fait naître la réunion en séries de groupes, ils n'auront pas même le loisir de songer à la dissimulation ou à la fraude. La durée de la séance est trop brève, elle s'écoule avec trop d'enthousiasme, pour permettre le froid calcul d'une fourberie, à laquelle d'ailleurs on ne serait porté par aucun motif déterminant. Pierre, Jacques et Jean n'ont nulle inquiétude sur leur sort; ils n'ont point de dénûment à appréhender pour l'avenir; ils n'ont point à pourvoir aux nécessités pressantes de leurs enfants, de leurs femmes, tous occupés, comme eux, à des travaux productifs, attrayants, librement choisis, et largement rétribués.

Nous avons dit qu'un compte ouvert était tenu dans chaque groupe et à la régence sociétaire, pour garantir tout homme, femme, enfant, contre l'indigence, en réalisant soigneusement son pécule et le mettant à l'abri de toute déperdition. Une garantie égale contre la fourberie résultera de ce même compte-ouvert. Le manque de probité, d'exactitude, n'est pas plus à craindre de la part des séries de tutelle et de régence, que de la part de toute autre série. — Tous les actes des séries sont notoires : leurs inventaires ne taisent et ne cachent rien ; leurs comptes en deniers, en den-rées, sont publics, apurés à chaque instant.

Simon aujourd'hui intéressé dans trente séries, pou-vant demain se dégager de celles-ci, s'enrôler dans celles-là, entend qu'on ne le trompe dans aucune, car el est son intérêt bien positif. Il sait qu'il ne pourrait ui-même user de tromperie sans être immanquable-nent découvert : certes, il ne voudra point encourir a honte d'être hautement signalé comme ayant forfait l'honneur, châtiment pire que la prison ou la mort, pour quiconque vit dans le régime sociétaire, où la orce de l'opinion est plus irrésistible et surtout plus nfaillible que la force dont nous revêtons les lois de 'état, ou les coutumes morales, dans notre régime norcelé.

Bien assuré que la vérité pratique est rigoureuse-nent observée par les séries, en tout ce qui touche à a production et à la consommation, Simon voudra ussi la voir régner dans la distribution. Il voudra que e juste prix de tout objet en vente soit authentique-nent fixé, et non plus laissé à l'arbitraire, inévitable

8

dans le morcellement. Ce louable vœu est aisément réalisé dans le régime sociétaire.

S'agit-il, par exemple, d'un produit agricole, d'un quintal de blé? On connaît le dividende alloué à la série de cette culture, sur la masse des produits de l'Association industrielle. On connaît de même l'étendue du terrain que la série a cultivé; ce qui se paie pour le fermage de ce terrain; ce qu'ont coûté les objets mobiliers consommés par la série pour parvenir à mettre son blé en état de vente. Supposons que ces trois articles, mobilier, fermage, dividende, se soient élevés ensemble à 150 mille francs; que de plus, et proportionnément à cette somme, la valeur du blé récolté s'augmente de 50 mille francs, représentatifs du contingent tombant à la charge de ce genre de produit dans les frais généraux de l'exploitation sociétaire. Si la quantité du blé emmagasiné est de 20 mille quintaux, le prix du quintal sera 10 francs.

Mais tandis qu'on arrive à ce résultat dans l'exploitation sociétaire de Saint-Cloud, il se pourra qu'à Nanterre une supputation semblable fournisse des données différentes, indique un prix plus élevé ou plus bas. Simon saura qu'en payant 10 francs à Saint-Cloud, il ne fait que rembourser ce que l'on y a dépensé pour produire un quintal de blé. Suffisamment garanti contre la fourberie des producteurs, il voudra l'être de même contre les erreurs qu'ils auront pu commettre. Pour atteindre à une appréciation positive dont la justesse ne puisse être raisonnablement contestée, il faut ne pas craindre d'entrer dans des vérifications étendues.

Il est naturel d'admettre qu'une fois organisé sur un point quelconque, le régime sociétaire sera trop attrayant pour ne pas se propager avec une grande rapidité. Quand Passy, Sèvres, et huit ou dix villages environnants, auront opéré comme à Saint-Cloud et à Nanterre, le prix moyen du blé de ce canton sera réglé par une série de délégués de chaque grande exploitation ou commune. Des séries de délégués de canton régleront à leur tour le prix moyen de la province. Déjà on opère ainsi dans nos assemblées cadastrales; mais elles n'ont que les mercuriales du lieu pour base de calcul, et les mercuriales n'ont rien de certain pour établir ce que la culture à effectivement coûté. Simon n'aura plus d'erreurs à craindre dans la fixation du prix, lorsqu'il aura été vérifié avec tant de soin dans une centaine d'exploitations rurales. Le blé est une denrée dont le poids rend le transport dispendieux : si l'on juge à propos de fixer son prix moyen pour un territoire renfermant plusieurs provinces, ce sera peut-être peu utile. Rien néanmoins ne s'opposera à cette mesure, qui, lors de la complète organisation du régime sociétaire sur le globe, sera généralement usitée. On l'appliquera d'abord aux objets commerciables qui peuvent se trouver partout, et dont on sera convenu de faire les signes d'échange ; tels, par exemple, les métaux précieux et les pierres fines. Leur valeur sera la même à Canton et à Londres, à Pétersbourg et à Lima.

Toute commune ou grande exploitation sociétaire qui trouvera le prix provincial du blé trop faible pour la couvrir de ses dépenses de production, et qui ne verra pas la possibilité de soutenir une concurrence avantageuse en ce genre de produit, en réduira la culture au strict nécessaire. Son unique règle à cet égard se trouvera dans les exigences naturelles de ceux de ses membres qui inclineront fortement à la manutention du blé. On la leur ménagera pour soutenir leur fougue industrielle, car on saura qu'il ne s'agit toujours, pour obtenir les plus grands bénéfices, que de bien assurer les voies d'essor de l'enthousiasme, tout ce que l'enthousiasme exécute étant infailliblement ce qu'il peut y avoir de mieux fait et de moins coûteux.

Aucune disposition ayant pour but la vérité pratique ne pouvant être omise ou négligée dans le régime sociétaire, la qualité de l'objet en vente ne sera pas vérifiée et garantie avec moins d'attention que sa juste valeur. On classera donc le blé dans les divers compartiments du grenier, par 1re., 2e., 3e., 4e., 5e. qualités, authentiquement reconnues en assemblée de série d'experts. Des échantillons de chaque qualité seront envoyés sous cachet aux bourses provinciale et régnicole. C'est là que se font les ventes et achats, aux foires semestrielles. On y publie les approvisionnements mis en vente sur les divers points de la province ou de 'empire. Les négociations sont rapides, car on ne les 'ait que pour de fortes quantités; elles sont sûres, car elles aussi se font par les *séries* de délégués spéciaux. Quand le marché est conclu, les denrées qui en ont été 'objet sont directement expédiées par le vendeur à 'acheteur, sans pouvoir devenir la propriété d'aucun préposé intermédiaire, faisant des profits sur les personnes qui ont concouru à la production ou doivent participer à la consommation.

De cette sorte on réduit le nombre des agents commerciaux au dixième de ce qu'il est dans le morcellement, et l'on extirpe le principe des vices les plus hideux de notre système commercial actuel. Si, parmi nous, le marchand ne paie pas assez au vendeur, fait trop payer à l'acheteur, c'est parce qu'on laisse au marchand la faculté de *propriété intermédiaire*, le droit de régler arbitrairement ses prix, de vendre 100 fr. ce qui lui a coûté 50 fr. S'il devait toujours justifier que e prix offert ou demandé est le prix RÉEL; si l'on rendait toute fausse justification impossible; enfin, si les marchandises ne pouvaient jamais être soustraites à la circulation, ainsi que cela se pratique chaque jour dans les vues de hausse de leur prix, alors cesseraient ces scandales commerciaux dont la présence inspire la plus vive indignation à tout homme honnête et clairvoyant.

Le régime sériaire réalise toutes les conditions d'un commerce véridique, parce qu'il n'a point de *marchands* proprement dits : ce sont les producteurs, les associations communales, qui font les ventes. Ce sont ces mêmes associations qui font les achats pour leurs consommations. Aucune n'a le droit spoliateur de hausse ou de baisse. Les transports sont effectués par les séries de convois, lesquelles sont rétribuées comme toutes les autres séries. On ne paie que ces transports et de très-modiques frais d'entrepôt, sans allouer aucun bénéfice du genre de ceux qui, en si peu d'années, font la fortune colossale de nos GRANDS SPÉCULATEURS.

Nous désirons à bon droit le règne de la vérité dans l'administration publique, dans les sciences, les arts, les cultures; dans tout ce qui tient à la production et à la consommation des choses nécessaires à la vie ; nous devons plus vivement encore désirer la vérité pratique dans la distribution ou le commerce de ces mêmes choses, et nous ne l'y rencontrons presque jamais. Tout commerce, dans le morcellement, est plus ou moins frauduleux, car on y est forcé de cacher plus ou moins la juste valeur de l'objet acheté ou vendu. C'est donc surtout dans la fonction industrielle primordiale, nommée distribution ou *commerce*, qu'il s'agit d'introduire la vérité pratique. Nous avons fait voir combien il est facile d'y parvenir par la combinaison sociétaire des groupes et séries de groupes.

LIBERTÉ INDIVIDUELLE.

Si le régime sériaire assure à tout homme, femme, enfant, pleine garantie de richesse graduée et de vérité pratique, il ne leur garantit pas moins cette précieuse liberté individuelle, objet des vœux ardents de notre siècle; noble cause pour le triomphe de laquelle une lutte si violente s'est engagée et ne se termine point, entre les peuples et les souverains, entre les sexes, entre les âges, entre les industrieux et les oisifs, les faibles et les forts.

L'oppression, si commune, si nécessaire dans le morcellement, n'existe plus dans les séries de groupes, parce que leur organisation même l'anéantit en tous sens. Personne ne saurait être contraint à agir contre son gré, ou privé de travail, quand chacun peut opter à toute heure entre cent occupations différentes. Personne n'est tenu d'obéir à l'arbitraire, quand chacun ne fait que se livrer à l'impulsion qu'il donne lui-même, ou qu'il a voulu recevoir pour son plus grand intérêt, son plus grand plaisir.

Tout homme, femme, enfant, est prémuni contre l'oppression par les mêmes mesures qui le mettent à l'abri de la spoliation et de l'indigence. Ayant son dividende, sa fonction spéciale, dans chacun de ses trente groupes affiliés, il n'est plus exposé à se voir enlever son industrie et son lucre, par la déconfiture, tantôt innocente et fortuite, tantôt simulée et coupable, ou par le caprice d'un maître qui rétribue sans proportion avec la valeur des produits, qui renvoie de l'atelier quiconque ose penser qu'on le traite mal, ose ouvrir les yeux sur les fraudes dont il est victime ou témoin.

» Dans le régime sociétaire, personne n'exerce la domesticité individuelle. Le service domestique est géré, comme toute autre fonction, par des séries qui affectent un groupe à chaque variété de travaux. Dans les moments de service, ces séries portent le titre de *pages* et *pagesses*, et servent l'association *collectivement*. Loin de ravaler, comme aujourd'hui, cette branche de fonctions, le régime sociétaire l'ennoblit par des honneurs civiques, et par la suppression de dépendance individuelle qui avilirait un homme en le subordonnant aux caprices d'un autre. Analysons le nouveau mécanisme dans une fonction quelconque, celle de caméristе (femme qui fait les chambres, les lits).

» La pagesse Délie sert dans le groupe de caméristes de l'aile droite de l'édifice sociétaire ; elle est brouillée avec Léandre ; elle omet son appartement dans la visite du corps de logis dont elle est chargée. D'autres la suppléeront ; il ne sera pas moins bien servi ; car Églé et Philis, deux des pagesses de ce groupe, se chargent de l'appartement de Léandre, qu'elles affectionnent.

» Il en est de même aux écuries : si le cheval de Léandre est quitté aujourd'hui par un des pages, il est repris et pansé par un autre page, ami de Léandre, ou par les pages de ronde. Ainsi dans toute branche de service, chacun voit s'empresser pour lui ceux dont il possède l'attachement et à défaut de qui il serait soigné par la masse du groupe. » Un page ne s'avilit pas plus à ses propres yeux et aux yeux d'autrui, en travaillant pour un riche ou pour un pauvre, que ne s'avilit parmi nous le fabricant de meubles. Il travaille pour la gloire, pour l'intérêt, et par goût; voilà tout.

» Chacun peut, dès l'heure suivante, rencontrer dans d'autres fonctions ceux qui l'ont servi l'instant d'auparavant, et qui se trouveront peut-être ses supérieurs en changeant de travail. Eglé servait Léandre à 7 heures: mais à 9 heures il y a séance à l'abeillerie; Léandre est un des nouveaux sectaires; ne s'étant affilié que depuis six mois, il est encore inexpérimenté dans ce travail; Eglé qui l'exerce dès l'enfance, y est très-habile, et Léandre se trouve sous sa direction à l'abeillerie, dans la fonction où il s'entremet.

» Sous un tel régime, personne ne s'inquiète de se faire donner des soins domestiques; on n'a sur ce point qu'à fixer son choix sur les prétendants; car sur vingt pages qui servent telle écurie, il y en aura au moins dix en liaison intime avec Léandre, par affinité industrielle dans plusieurs séries; de sorte qu'il ne manquera jamais d'un ami pour le soin de son cheval qui, dans tous les cas, sera très-bien soigné par les pages de ronde. Mais c'est un des charmes du mode sociétaire que de voir, dans toutes les menues branches du service, un ami s'empresser pour vous, et un ami d'autant plus intelligent, que le service est alors très-subdivisé et n'admet à chaque fonction que des sociétaires expérimentés.

» Philis et Eglé ont fait le lit de Léandre; ce ne sont pas elles qui battront son habit. Elles le portent à la salle du battage; où il est pris par Clytie, autre amie de Léandre. Sur cet habit se trouve une tache; Clytie, après l'avoir battu, le remet à la salle de dégraissage, où il est soigné par Cloris, qui est encore une des amies de Léandre. Ainsi chaque serviteur d'un ou d'autre sexe a toujours, en association sériaire, des véhicules d'amitié ou autre affection, quelle que soit la branche de service à laquelle il s'adonne.

» Les liaisons industrielles des jardins, des vergers, des ateliers, etc., créant à chacun une foule d'amis et amies, il est assuré d'en trouver, dans tous les groupes de pages et pagesses, quelques-uns qui soigneront d'affection son service. Les pauvres jouissent de cet avantage comme les riches; et l'homme sans fortune voit une foule de serviteurs affectueux lui offrir leur ministère aussi bien qu'à un prince, parce que *ce n'est jamais l'individu servi qui paie ceux qui le servent.* Un page serait ignominieusement congédié de la série, si on savait qu'il eût reçu en secret quelque gratification de ceux qu'il a servis. C'est l'Association qui rétribue le corps des pages, par un dividende pris sur les deux lots de travail et talent, dividende que cette série répartit, selon l'usage, entre ses divers membres, en proportion de leur aptitude constatée.

» L'indépendance individuelle est donc pleinement assurée, en ce que chaque page est affecté au service du ménage sociétaire et non de l'individu, qui, par cette raison, est servi affectueusement; plaisir que les riches mêmes ne peuvent aujourd'hui se procurer à prix d'argent; car si on paie grassement un valet pour se l'attacher, l'ambition le rendra insouciant, ingrat et souvent perfide. On ne connaît point ce danger dans le régime sociétaire, où chacun est assuré de l'amitié des divers pages qui de préférence adoptent son service, avec liberté de le quitter en cas de refroidissement, et sans aucun engagement pécuniaire avec lui.

» Il n'y a donc rien de mercenaire dans la domesticité sociétaire, et un groupe de caméristes est, comme tous les autres groupes, une société libre et honorable, qui perçoit sur la masse du produit de l'Association, en raison de l'importance de ses travaux. »

C'est surtout dans le service domestique qu'on voit aujourd'hui peser le joug de l'oppression. Quand l'indépendance personnelle aura été introduite dans le ménage, pour la production, la distribution, la consommation, elle s'étendra bientôt à toutes les branches de l'organisation sociale. Chaque homme, femme, enfant, pourra alors se livrer à tout l'essor de ses désirs. Si tel est son goût, il circulera sans cesse d'un lieu à un autre lieu, comme il alternera d'une fonction à une autre fonction. Les séries ambulantes de convois, de voyageurs, d'artistes, sauront bien tirer parti d'un goût qui, comme tout autre, est pleinement utilisé dans l'Association.

Si, dans le morcellement, la production et la distribution des richesses ne s'obtiennent que par le véhicule d'un système général d'oppression (p. 31), dans le régime sociétaire elles devront, par une contre-marche naturelle, résulter de l'indépendance même. En effet, c'est parce qu'il sera libre de varier son travail, d'aspirer à tous les emplois avec la certitude d'y parvenir selon son mérite, de participer à tous les biens, à toutes les jouissances, en raison de ses droits positifs, que chaque homme, femme, enfant, se livrera habituellement à tout son enthousiasme. Alors animé, soutenu par ce noble mobile, il concourra à l'abondance et au perfectionnement des produits, comme aujourd'hui, forcé par la nécessité, il concourt à les falsifier, et souvent à les détruire.

JUSTICE AFFECTIVE OU ÉQUILIBRE SOCIÉTAIRE.

Assembler les individus en groupes de leur libre choix, pour l'exercice des fonctions industrielles; assigner un groupe à chaque Espèce de fonctions, afin d'atteindre à la plus grande division du travail et de faire naître une émulation plus active; combiner les groupes d'*espèces* en série de Genre, et les séries en association unitaire; substituer de cette sorte à l'indigence, à la fourberie, à l'oppression, la richesse graduée, la vérité pratique, la liberté effective, ce sont là autant de dispositions qui nous paraissent de nature à être facilement conçues par tout lecteur attentif à méditer sur le mouvement social.

Mais si la difficulté ne consiste pas à concevoir ce plan de dispositions sériaires, et même leur efficacité, on croit généralement la trouver dans le prétendu défaut de moyens d'exécution, et surtout dans l'impossibilité présumée de concilier tous les intérêts par une répartition réellement proportionnelle aux trois facultés, *travail*, *capital et talent* de chaque sociétaire.

Quant aux moyens d'exécution, nous ne tarderons pas à faire voir qu'ils dépendent uniquement de la volonté forte de quelques actionnaires suffisamment riches et considérés, ou de la sagesse d'un prince puissant. Pour le moment, essayons d'exposer comment se résout le problème de la répartition proportionnelle, ou équilibre sociétaire et règne de justice.

« Chaque série est ASSOCIÉE et non pas FERMIÈRE du *grand ménage sociétaire :* en conséquence elle perçoit un dividende, non sur le produit de son propre travail, mais sur celui de toutes les séries, et sa rétribution est en raison du rang qu'elle occupe dans le tableau, divisé en trois classes; savoir :

1re. Classe, séries de *nécessité*.
2e. *id.* séries d'*utilité*.
3e. *id.* séries d'*agrément*.

La classe de *nécessité* comprend les fonctions industrielles en l'absence desquelles l'Association ne saurait exister ou courrait risque de se rompre. Telles sont les séries vouées aux travaux immondes, les séries d'infirmistes ou curateurs de malades, celles de bouchers, maçons, etc.

La classe d'*utilité* comprend les travaux non répugnants, dont le produit ou l'objet est très-avantageux; mais qui n'ont point ou n'ont que peu d'attrait.

La classe d'*agrément* s'étend à toutes les fonctions qui ont en elles-mêmes beaucoup d'attrait, quelle que soit la valeur, forte ou faible, de leurs produits.

Dans le classement des séries, la priorité de rang et la quotité du dividende sont donc établies en raison composée des bases suivantes :

« 1. En raison directe du concours aux liens d'unité, au jeu du mécanisme sociétaire ;

» 2. En raison des obstacles répugnants surmontés ;

» 3. En raison inverse de la dose d'attraction que peut avoir chaque industrie. »

Ainsi la règle de classement en régime sociétaire est l'opposé de ce qui se pratique dans le régime morcelé, où les travaux les plus méritants sont les moins récompensés.

La série la plus précieuse, et par conséquent la mieux honorée et rétribuée, doit être celle qui, Productive ou Improductive, concourt le plus efficacement à serrer le lien sociétaire, parce qu'avant tout le but est de soutenir l'association dont on obtient richesse et bonheur. A ce titre la série du nettoiement des égoûts est inévitablement dans la classe de nécessité et au premier ordre de cette classe, aucune autre série ne tendant davantage à faciliter d'heureux rapports sociaux, toujours impossibles si l'on est forcé de maintenir des classes d'Ilotes ou de Parias ; aucune autre série n'ayant de plus grands obstacles répugnants à vaincre, n'étant plus dépourvue d'attrait pour les sens ou l'esprit.

Plus on aura mis de soin et de justesse à combiner les trois bases indiquées, plus le classement des séries sera exact et satisfaisant. Toute série a son degré de mérite résultant de sa participation à l'accord sociétaire, des répugnances qu'elle doit surmonter, du plus ou moins de charme inhérent à ses fonctions.

« Plus un travail excite d'attraction, moins il a de prix *pécuniaire :* dès-lors l'opéra et les vergers devraient être deux series de 3e. classe ou agrément. La série des vergers est renvoyée à ce rang, parce qu'elle n'est que de titre inverse, ne concourant pas plus à l'unité que tous les divers travaux agricoles. Mais la série d'opéra, qui, dans le régime sociétaire, est principalement organisée pour former l'enfant à toutes les harmonies matérielles, concourt spécialement à l'unité : elle est donc précieuse à double titre, et prend place dans la catégorie de nécessité.

» L'obstacle purement industriel est souvent un sujet d'amusement ; les athlètes s'en font un jeu ; mais on ne peut pas se faire un jeu d'une répugnance qui fatigue les sens, comme serait le curage d'un égoût, la descente dans une mine. On peut surmonter la répugnance par point d'honneur ; elle n'est pas moins lésion sensuelle ; tandis que la fatigue simple et sans dégoût, comme celle d'un homme qui monte sur des poiriers et cerisiers, peut devenir plaisir réel. De là vient que l'ordre sociétaire n'estime pour mérite que les fatigues répugnantes,

» Les obstacles purement industriels et sans fatigue sensuelle seraient une fausse base de classement, qui élèverait la série des vergers, par exemple, au rang des travaux de nécessité. Elle ne doit point y figurer quant au dividende ou rétribution pécuniaire, étant trop bien pourvue de contre-poids agréables, et dépourvue de concours spécial à l'unité sociétaire (1).

La régence ou comité des délégués du ménage sociétaire est naturellement chargée du travail préparatoire de la répartition. Après avoir fixé la classe à laquelle chaque série lui paraît appartenir, la régence détermine le rang d'ordre présumé de la série dans sa classe. Cette fixation provisoire est rendue publique, afin que tout sociétaire puisse la discuter, en signaler les défauts, éclairer les votants qui, en assemblée générale, délibéreront sur la répartition définitive à régler au scrutin.

Supposons que la masse des revenus à vendre ou à consommer se soit élevée à fr. 936,000. Pour la première fois, et sauf, pour l'avenir, les rectifications qu'indiquera l'expérience, la division de cette somme se fera par 5/12[es.] aux séries de *nécessité*, 4/12[es.] aux

(1) Les vergers, en régime sociétaire, sont des séjours délicieux; leur soin est le plus récréatif de tous les travaux. D'ordinaire les sexes y sont réunis, l'un pour le travail de force, l'autre pour celui d'adresse. Tout verger est parsemé d'autels de fleurs, entouré de cordons d'arbustes : le travail n'y exige guère de tentes roulantes, parce que les arbres en tiennent lieu. Si l'on ajoute à tous ces attraits le charme puissant de la culture des fruits, l'avantage de n'être plus trompé sur les espèces ni volé sur les récoltes; de n'être entouré au verger que de sociétaires polis et bienveillants; on pensera que sur 100 personnes il doit s'en trouver 99 en attraction pour le soin des vergers, au moins dans quelques détails de leur culture.

séries d'*utilité*, 3/12es. aux séries d'*agrément*. Cette progression par 3, 4, 5, paraît plus qu'aucune autre susceptible de l'assentiment général, du moins pour le tâtonnement provisionnel inévitable en tout début. Ce sera d'ailleurs la condition préalable de l'admission dans l'association, moyennant quoi personne ne pourrait valablement arguer d'arbitraire.

La classe de nécessité aurait donc fr. 390,000 à partager entre ses séries.

Les droits que chaque série est admise à faire valoir sont de deux natures : 1°. Le mérite industriel; 2°. l'importance sociétaire ou politique.

« Le mérite industriel est composé, dérivant de diverses branches, dont il faut estimer l'ensemble par une règle d'alliage. On distinguera en prétentions,

Celle du nombre des membres,

Celle de fréquence des séances,

Celle de la force des sexes,

et autres quelconques à évaluer combinément. On subdivise les séries de classe en séries d'ordre, comme seraient, dans la classe de *nécessité*,

16 de 1re. nécessité,		à....5,000	—80,000 fr.
18 de 2e.	—	à....4,500	—81,000
20 de 3e.	—	à....4,000	—80,000
22 de 4e.	—	à....3,500	—77,000
24 de 5e.	—	à....3,000	—72,000
100			390,000

Même échelle en classe d'*utilité* et en classe d'*agrément*, sauf la différence du taux des lots.

» La balance des divers titres, *nombre, fréquence, force*, etc., est une affaire purement arithmétique, dont l'exactitude dépendra de celle des écritures et de l'observation des faits, bien faciles à constater. On verra aisément combien une série d'enfants de tel âge effectue de travail, proportionnément à une série d'hommes faits. En moins de trois ans on aura des données fixes sur toutes ces estimations, où il n'est pas besoin d'une exactitude bien rigoureuse. Il suffira provisoirement d'une bonne approximation entre sociétaires soutenus de l'accord intentionnel. » Il est clair que de deux séries placées au même degré de nécessité, celle qui, en nombre de membres, fréquence du travail, force des sexes, etc., présenterait le double de ce que l'on trouverait dans l'autre, recevrait de droit un lot double, en répartition proportionnelle.

C'est ainsi qu'il est tenu compte des titres industriels de chaque série. Quant à son rang d'ordre, motivé sur l'importance sociétaire ou politique, il est moins facile à fixer. Quelque soin qu'ait mis la régence à bien saisir la priorité de telle série sur telle autre, sous le rapport du concours à l'unité, des obstacles répugnants à surmonter, de la dose d'attraction offerte, « on risquerait de mécontenter les prétendants et d'échouer en accords généraux, si l'on ne trouvait l'art d'apprivoiser la passion qui désorganise tout dans le régime de morcellement, » et qui, dans le régime sociétaire, pourra encore être l'intime mobile de l'individu appelé à émettre son vote décisif. Cette passion, il faut le dire, est la Cupidité. On se l'avoue difficilement; on cherche à croire que la voix de la conscience est la seule qu'on écoute; mais la conscience même est cupide en nous, quand il s'agit de prononcer sur ce qui touche de près à nos intérêts personnels.

« Si chacun, dans le régime sociétaire, était, comme parmi nous, adonné à une seule profession; s'il n'était que maçon, que charpentier, que jardinier, chacun arriverait à la séance de répartition avec le projet de faire prévaloir sa profession, de faire adjuger le lot principal aux maçons, s'il est maçon, aux charpentiers, s'il est charpentier, etc. : ainsi opinerait aujourd'hui tout industriel; mais dans le nouvel ordre, où chacun, homme ou femme est associé d'une quarantaine de séries, personne n'est intéressé à faire prévaloir immodérément l'une d'entr'elles; chacun pour son intérêt même est obligé de spéculer en mode inverse du mode actuel, et de voter en tout sens pour l'équité. Examinons la question sous le rapport de l'intérêt, et sous celui de l'amour-propre.

» Alcippe est membre de 36 séries, qu'il distingue en trois ordres, A, B, C. Dans les 12 de l'ordre A, il est ancien *sectaire*, tenant les premiers rangs en importance et en droits au bénéfice : dans les 12 de l'ordre C, il est nouveau *sectaire,* ne pouvant espérer que de faibles lots; et dans les 12 de l'ordre B, il est en moyen terme d'ancienneté et de prétentions. Ce sont trois classes d'intérêts opposés, stimulant Alcippe en trois sens différents, et le forçant par *intérêt* et par *amour-propre* à opter pour la stricte justice. En effet :

» S'il y a lésion, fausse estimation du mérite de chaque série, Alcippe sera lésé sur les dividendes à recueillir dans les 12 séries A où il excelle. Il sera piqué, en outre, de voir leur travail et le sien mal appréciés. A la vérité, cette injustice pourra favoriser les 12 séries C; mais comme il n'y est que subalterne, rétribué de faibles lots, il ne serait pas compensé des pertes à éprouver dans les 12 séries A, où il obtient les lots supérieurs. Quant aux 12 séries B, où il est sectaire moyen, il lui importe également qu'elles soient rétribuées avec justice; car en obtenant trop, elles préjudicieraient aux séries A et C : Alcippe ne veut pas être lésé dans les séries A où il a de fortes parts; il ne songe pas à se récupérer sur les séries B où il n'a que des parts moyennes; ce serait duperie évidente.

» Pense-t-on qu'Alcippe tâchera de faire favoriser les 12 séries A où il perçoit de forts dividendes? Mais ces 12 séries sont des trois classes; environ quatre de nécessité, quatre d'utilité, quatre d'agrément. Si Alcippe obtenait du gain sur les quatre premières, il perdrait d'autant sur les quatre dernières. Le besoin de justice trinaire est le même sur ces 12 séries, qu'il l'était plus haut sur la balance d'intérêts dans les 36 séries. Moyennant ce mécanisme, l'individu se trouve, par cupidité même, forcé de désirer et de recommander la justice, et plus il raffine en calculs d'intérêt, plus il incline à l'équité.

» L'impulsion est la même en sens d'amour-propre. Si quelque vice de répartition lésait l'une des trois classes, *nécessité, utilité, agrément,* Alcippe serait lésé dans les 12 séries où il excelle, car elles se trouvent mi-parties de ces trois classes. Ni Alcippe, ni d'autres ne voudraient voir leurs travaux de prédilection ravalés et rétribués au-dessous de leur valeur réelle. Or, pour leur garantir cette juste rétribution sur les 12 travaux favoris, il faut que la justice s'étende aux trois classes dont se compose l'ensemble des douze passions favorites, c'est-à-dire qu'elle s'étende à tout l'ensemble des séries distinguées en trois classes.

» On pourrait sur ce sujet entrer dans les détails spéciaux et les parallèles de lésion, d'où l'on conclurait que plus un homme sera cupide et spéculateur en intérêt, plus il opinera pour la stricte justice, tant par intérêt que par amour-propre ou gloire. » Quand toutes les opinions s'uniront ainsi à vouloir la justice, comment pourrait-on ne pas y arriver, surtout avec les moyens d'estimation régulière que nous en avons exposés ?

« D'ailleurs, une légère inexactitude en évaluation ne préjudicierait à personne; car on sait que si on obtient plus dans une série, moins dans une autre, on se retrouve à peu près en balance, et dans ce cas il n'y a pas de lésion réelle. Ces minuties de détail pourraient-elles troubler l'union, dans une société où tous les âges et les sexes, enthousiasmés de leur bonheur social, n'arrivent aux débats de répartition qu'avec l'intention de tout sacrifier au maintien d'un si bel ordre?

» Ajoutons que si on lésait *involontairement* une série, effet qui pourrait avoir lieu sans intention et par suite d'erreur générale, on s'en apercevrait bien vite au ralentissement d'attraction; l'on y verrait de la désertion, de la tiédeur; d'où l'on conclurait à la renforcer d'attraction, soit en lui allouant une indemnité provisoire, soit en l'élevant en ordre à la répartition de l'année suivante. Ainsi les erreurs involontaires qu'on pourrait commettre, seraient réparées aussitôt qu'aperçues. Le défaut d'expérience causera, au début, nombre de ces erreurs; mais en moins de trois ans l'on arrivera à des données certaines sur tous les menus détails d'équilibre, et le travail de répartition ne sera qu'une routine familière dès la troisième année.

» Il résulte du mécanisme décrit ci-dessus, que l'ordre sociétaire, en fait de répartition, a la propriété inestimable

D'absorber la cupidité individuelle dans les intérêts

collectifs de la série, et d'absorber les prétentions collectives de chaque série, par les intérêts individuels de chaque sociétaire dans une foule d'autres séries. »

« Ce prodige est dû principalement au goût de diversité, si énergique chez presque tous les hommes. En réduisant à une heure ou deux l'enthousiasme industriel et la durée des séances, il donne lieu à l'enrôlement de chaque individu dans une quarantaine de séries, au lieu d'une seule à laquelle il faudrait se borner selon les monotones usages du morcellement ; mode social qui oblige un homme à faire du matin au soir, et du premier janvier au 31 décembre, toujours la même chose, toujours des souliers, toujours des plaidoyers. » Quelques-uns croient que cette monotonie est favorable au talent, à la production. Une telle opinion ne peut se soutenir sans nier l'évidence ; car, d'une part, l'enthousiasme seul perfectionne, multiplie les produits, et rien n'est plus contraire à l'enthousiasme que la fatigue et le dégoût d'une occupation invariable. D'autre part, chaque industrie a une foule de corrélations avec les autres industries : un agronome versé dans les sciences mathématiques, physiques, botaniques, etc., aura toujours plus de facilité en étude et en pratique, que l'agronome ignorant ces sciences.

« Plus le nombre des séries fréquentées est grand, plus l'individu associé est intéressé à ne point les sacrifier toutes à une seule, et à soutenir les intérêts de

40 compagnies qu'il chérit, contre les prétentions de chacune d'entre elles.

» Plus les séances sont courtes et rares, plus l'individu a de facilité à s'enrôler dans un grand nombre de séries dont l'influence ne serait plus balancée si l'une d'entre elles, par de longs et fréquents rassemblements, absorbait le temps et la sollicitude de ses membres, et les passionnait exclusivement. C'est pour éviter ce vice qu'on a recours à tous les expédiens abréviatifs. »

Le lot obtenu par chaque série est réparti entre ses groupes, au moyen d'une seconde application de la loi observée pour la répartition entre les séries. On s'attache surtout à constater le produit effectif de chaque groupe, produit qui avec justice pourrait même servir de base unique de répartition entre les groupes. La loi de distribution entre les membres de chaque groupe est encore calquée sur les mêmes errements, sauf les modifications commandées par la nature des choses.

Supposons une série d'*utilité*, composée de 3 groupes et ayant obtenu un lot de 3,600 fr. dans la répartition générale.

Les trois groupes se partagent le lot par 1200, 1500 et 900 fr. Le groupe auquel 1200 fr. sont échus, se compose de 24 membres, hommes, femmes, enfants, de divers âges et de divers degrés de fortune.

Tous, sans distinction d'âge, sont fortement passionnés pour leurs travaux; chacun d'eux est disposé à faire des sacrifices de toute espèce pour soutenir la renommée du groupe ; ceux qui ont une grande fortune mettent aussi la main à l'œuvre et encouragent à l'envi les travailleurs : enfin, ces 24 sociétaires sont en quelque sorte 24 maniaques, perdant la tête pour leur culture favorite, dont la patriarche est aussi engouée que l'enfant. Ils ne souffriraient pas dans leur compagnie un membre peu passionné ; ils ne l'admettraient pas même comme aspirant : ils n'accordent ce titre qu'aux novices ardents à l'ouvrage et brûlants d'enthousiasme. Si tel enfant qui postule en admission négligeait, aux approches d'un orage, d'accourir pour poser les tentes, on le rejetterait comme élève glacial, incapable de soutenir la renommée du groupe.

Ces 24 compagnons et leurs aspirants ou auxiliaires, malgré l'inégalité de fortune, se considèrent comme famille industrielle, et s'entre aident en toute occasion ; propriété que n'ont pas les familles de consanguinité. Les enfants pauvres ont des protecteurs zélés dans les vieillards, dont les véritables enfants n'ont pas pris parti dans le groupe. La nature croise les penchants et les fait alterner du père au fils.

« En conséquence, Crésus, âgé de 50 ans, affectionne de prédilection la jeune Sélima, âgée de 14 ans, parce qu'elle est un autre lui-même aux travaux du groupe ; elle s'y est emparée de tous les soins matériels que Crésus, au retour de l'âge, commence à négliger, et il ne testera pas sans lui assigner un legs dans la classe des lots d'adoptifs, classe nombreuse, qui obtient communément un tiers dans tous les testaments des sociétaires.

» Chacun des huit enfants du groupe trouve des instituteurs aussi doctes qu'empressés, dans les vieillards : ce mode d'éducation amicale et passionnée s'étend à tous les travaux de l'Association.

La somme de 1200 fr. allouée à notre groupe, est divisée en trois portions de 600, 400, 200, affectées aux trois facultés d'industrie, capital et lumières; savoir :

Active,	3/6 accordés au travail....	600	
Passive,	2/6 alloués au capital.....	400	1200
Neutre,	1/6 réservé au talent.....	200	

(*Nota*. Cette division des lots serait mieux par 3/12, 4/12, 5/12. Elle aurait été faite de cette sorte si, dans l'intention d'une plus grande commodité pour le lecteur, on n'eût pas tenu aux sommes rondes de décimales dans la répartition entre les séries et les groupes. Sans cela, nous aurions donné à la série 3,456 fr. au lieu de 3,600; le groupe des moyennes espèces aurait eu 1,440 fr. au lieu de 1,500; les 600 fr. accordés au travail, auraient fait 5/12es., et nous aurions pris ce groupe pour nos applications. Toutes ces différences de chiffres ne changent rien à la théorie).

« Des 600 fr. adjugés au travail on formera, à peu

près dans l'ordre suivant, huit séries de trois lots chacune, pour avoir autant de lots qu'il y a d'associés, non compris les aspirants et auxiliaires, qui n'ont pas de rétribution.

8,11,14—33.	24,27,30— 81.	204
12,15,18—45.	28,31,34— 93.	396
16,19,22—57.	32,35,38—105.	——
20,23,26—69.	36,39,42—117.	600

La répartition se fait au scrutin.

Les deux plus fortes parts pourront être adjugées à telle jeune fille, tel jeune homme dont le travail n'aura pas été le plus nécessaire, car à 18 ans, ils n'auront pu avoir acquis une intelligence supérieure, mais leur présence excite l'enthousiasme. La beauté est un levier puissant dans un ordre où tout marche par attraction; on lui accorde toujours le douzième de faveur.

Viennent ensuite les travailleurs recommandables, jeunes gens pauvres, mais très-diligents dans le soin du matériel; puis ceux du moyen âge, qui gèrent avec intelligence le bureau et les comptes, et méritent, vu leur fortune médiocre, une ample répartition. La tenue des écritures ne les empêche pas de vaquer à la culture.

Tels, d'après leur fortune colossale, n'auraient aucun besoin des lots élevés. Ils les méritent cependant par leurs services empressés et judicieux, leur activité dans la cabale extérieure. Assez satisfaits de l'amitié de leurs co-associés, ils voudraient pouvoir abandonner le lot de bénéfice qui leur échoit; ils n'acceptent que le lot de minimum (8 fr.) qu'on ne peut pas refuser. Ils emploient le surplus en encouragements; ils le distribuent aux enfants pauvres, ardents au travail et zélés pour l'honneur du goupe. D'autres riches font de leur portion semblable usage; ils n'acceptent que le minimum de 8 fr., et distribuent le surplus aux enfants pauvres et aux aspirants sans fortune, dont les services précieux sont l'espérance du groupe.

« On a vu que les 1200 fr. ont été divisés en trois portions, dont 600 au travail, 400 au capital, et 200 aux lumières. Sur la somme de 400 fr. répartie aux capitaux actionnaires, les six sociétaires opulents reçoivent d'autant plus qu'ils ont plus d'actions. Leur part est forte, parce que 10 des 24 membres n'ont que peu ou point de capitaux, et ne concourent presque pas au partage des 400 fr. de portion passive. »

Est-il besoin d'observer ici que cette portion n'est pas la propriété directe des membres du groupe? Ce n'est pas plus à ce groupe qu'à aucun autre que ces associés ont confié leurs capitaux; c'est à l'association prise collectivement. Chaque groupe laisse donc à la caisse générale de l'association, le lot alloué au capital, et le laisse en échange des avances mobilières et immobilières que l'association lui a faites. Nous avons supposé (page 144), un revenu brut de 936,000 fr. à partager entre toutes les séries; les 4/12es de cette somme sont la portion représentant l'intérêt du capital actionnaire. Elle est effectivement le *tiers-fruit* que tout propriétaire voudrait aujourd'hui retirer de ses domaines fonciers. Si les terres, bestiaux, denrées, etc., dont se compose le capital du *ménage sociétaire,* valent 6 millions 240 mille fr., tout capitaliste ayant pour 800 mille francs d'actions, touchera 40,000 fr. de rente; et si ce capitaliste est un riche de notre groupe, quel cas pourra-t-il faire de son lot de 32 fr. !

Ce mode de répartition des deux lots de capital et d'industrie a la propriété remarquable d'être en parfaite analogie avec l'équilibre planétaire. » Si, comme nous l'avons exposé, les plus riches sont ceux qui ont voulu recueillir le moindre lot d'industrie; si, loin de prétendre à la plus forte part en raison de leur fortune, ils abandonnent tout ce qui leur échoit en sus du *minimum,* il en résulte qu'ils tendent au bénéfice *en raison inverse des distances de capitaux*, car ils possèdent la plus forte somme de capitaux actionnaires, et ils veulent la plus faible part de bénéfice industriel. D'un autre côté, ils tendent au bénéfice, sur le second lot, *en raison directe des masses de capitaux,* puisque plus ces mases sont fortes, plus le bénéfice est grand. Ainsi est remplie la 2me. condition, qui constitue le contre-poids d'harmonie distributive.

» Passons à la 3e. portion de genre. Il reste à répartir le dividende neutre de 200 fr., affecté au talent.

Ce lot est l'objet d'un scrutin particulier, dans lequel les gens très-âgés qui sont, quant à l'industrie active, aux 5e. et 6e. rangs, obtiendront nécessairement les premiers lots, à titre de membres expérimentés et les plus précieux dans la direction des travaux.

» Cette portion forme un lot considérable pour ceux qui se la partagent, vu qu'elle n'est que peu ou point applicable à la jeune moitié des sociétaires; ils ne peuvent pas avoir acquis de connaissances notables, ni figurer à titre de talens théoriques ou pratiques. Par cette portion neutre, les vieillards à fortune exiguë ou médiocre sont amplement dédommagés de n'avoir obtenu que des 5e. et 6e. lots en industrie active, et peu en passive ou lots de capitaux.

» Achevons sur l'équilibre de répartition, pour lequel il ne suffit pas de satisfaire les droits respectifs; ce n'est pas assez de la justice; il faut encore que les répartitions excitent l'enthousiasme. Observons cet effet dans les lots de ricochet qui échoient aux enfants.

» Leur industrie, surtout chez ceux de six ans, n'est pas encore de grand prix; cependant ils obtiennent de fortes rétributions, d'après l'abandon de dividende fait par les sociétaires opulens qui se sont bornés au minimum de 8 fr. Le surplus est réparti, à titre d'encouragement, entre les 4 enfants, et les 2 aspirants pauvres, de même âge.

» Ces gratifications jointes aux lots inférieurs qu'ont

reçus les enfants pauvres, doivent élever très-haut leurs dividendes. Tels qui ont été rétribués à 11 et 8 fr., verront ces lots accrus jusqu'à 24 et 20 fr., somme double des lots obtenus par des enfants riches et possesseurs d'actions (1). D'autres, plus âgés, auront de la même manière des gratifications plus fortes encore.

» Les 4 enfants pauvres atteignent donc au bénéfice *en raison inverse des distances de capitaux;* car plus ils sont éloignés de la fortune, plus ils gagnent dans le lot affecté à l'industrie active.

» L'acte de générosité qu'on vient de lire, peut se répéter pour ces enfants dans vingt autres groupes, tout homme opulent étant dans l'usage, ou de demander le dernier lot, ou d'accepter le sien pour le distribuer aux enfants pauvres dont il se trouve toujours quelques-uns dans chaque série industrielle.

(1) D'après ce compte on voit que des enfants de 5 à 6 ans, qui déjà s'entremettront peut-être dans 40 séries où ils recevront 20 fr. en *terme moyen,* posséderont un revenu annuel d'environ 800 fr., revenu qui certes leur assurera une bien douce aisance, quoique dans l'ordre sociétaire ce soit en effet le lot de la pauvreté. Supposons que sur 800 fr. ainsi gagnés chaque année par un enfant, la tutelle sociétaire ne dépense pour lui, nourriture, entretien, etc., que 500 fr., somme bien suffisante pour subvenir à tout ce qu'exige cet âge; dès sa quinzième année l'enfant aura élevé son pécule à cinquante écus de rente, en minimum. Tityre, à 25 ans, jouira d'un revenu de cent louis, à dépenser pour *lui seul,* n'ayant ni femme, ni enfants à sa charge, puisqu'ils gagneront comme lui.

» Ces dons ne s'étendent pas aux adultes; ils ont assez de moyens de bénéfice, et entrent dans un âge où il ne serait plus décent de recevoir ces gratifications.

» L'intimité des classes riche et pauvre naît du désintéressement des riches sur le lot de 5/12es. alloué au travail. L'abandon qu'ils en font habituellement, est un ressort d'amitié collective pour les sociétaires : on voit dans ce nouvel ordre les riches idolâtrés par les pauvres qui participent indirectement à leur bien-être. Je laisse à penser quelle est la reconnaissance d'un père pauvre qui voit, dans 20 groupes de son association, 20 magnats abandonner leur part industrielle à son enfant, l'instruire sur les procédés de l'art, le choyer, l'entraîner à l'envi dans leurs fêtes corporatives, le titrer adoptivement en participation d'hoirie! Un tel père sera un Décius pour servir le corps des magnats.

» Ainsi le régime sociétaire sait créer à chaque pas des liens, des germes d'affection et d'enthousiasme entre les classes riche et pauvre, aujourd'hui animées respectivement d'une haine implacable. On voit toujours, dans l'organisation en séries, un magnat enrichir vingt familles pauvres et s'en faire aimer, dans la même situation qui, en régime morcelé, le conduirait à spolier les vingt familles pauvres et s'en faire abhorrer. »

Une observation importante trouve ici sa place et réplique positivement à l'objection rapportée ci-dessus (p. 122): « Il suffirait d'une ombre d'égalité, d'un rapprochement des fortunes, pour anéantir l'effet de la bienveillance qui vient d'être citée, *l'abandon de ce qui excède le lot de minimum.* Si aucun des sociétaires ne possédait une grande fortune, aucun ne voudrait faire cet abandon. Chacun, pressé par le besoin de gain, se trouverait lésé d'être classé au 3e. ou 4e. lot : il y aurait de toutes parts conflit de cupidité, qui étoufferait les germes de générosité.

» Mais si le groupe contient des sociétaires à grande fortune, ils seront assez satisfaits de la portion considérable qui leur écherra en lot des capitaux ; ils deviendront libéraux sur le lot des talents comme sur le lot alloué au travail. »

Telles sont sommairement les bases de la répartition sociétaire, les moyens d'introduire *en acte* cette JUSTICE DISTRIBUTIVE ET GÉNÉREUSE, principe d'ordre si vainement invoqué dans le régime de morcellement, qui à peine en comporte la pensée purement abstraite.

En lisant ce trop rapide exposé du régime sociétaire, ne se convaincra-t-on pas que ses dispositions réalisent tous les vœux de l'économie politique, de même qu'elles transforment d'abjecte en sublime, de subversive en harmonique, l'incompressible passion d'égoïsme qui, dans quelqu'état social que ce soit, sera toujours le grand mobile pour le mal ou pour le bien.

RÉSUMÉ
ET CONCLUSIONS GÉNÉRALES.

Il est notoire que le degré de bien-être et de dignité auquel on voit l'homme atteindre, est toujours en raison du plus ou moins d'étendue et de loyauté des relations sociales.

L'industrie et l'instruction du Sauvage sont à peu près nulles, parce que, dans le cercle étroit de sa horde, n'ayant guère pour objet que de subvenir à des besoins peu différents de ceux des brutes, les relations sociales du Sauvage sont réduites aux plus faibles développements. Aussi, comparé au civilisé, le Sauvage n'est qu'un être stupide, misérable, incapable de grandes choses, inhabile à se défendre.

Les peuples les plus puissants, les plus riches, les plus éclairés, ont toujours été et sont encore ceux chez lesquels les relations civiles, industrielles, commericales, politiques, joyeuses, scientifiques, littéraires, artistiques, ont eu la plus grande activité, ont formé les plus libres, les plus faciles et les plus nombreux accords.

Aucun point de fait n'est mieux établi par l'histoire des temps passés et par l'état actuel du monde.

Comparez l'essor du génie en France, en Angleterre, avec ce même essor chez les Cafres ou les Hurons. Les

Européens conquièrent toute la terre, n'admettent aucune borne dans les sciences, accroissent leurs richesses et étendent leur gloire, parce qu'ils multiplient incessamment leurs rapports industriels et sociaux, et en agrandissent le cercle. Les nations sauvages demeurent stationnaires, parce qu'elles négligent ou refusent l'extension de ces rapports.

La vraie science politique et morale consiste donc surtout à démontrer les voies les plus sûres pour développer, autant que possible, les accords sociaux dont l'homme peut être capable. Le devoir de la science est de constater d'abord le point auquel ces accords sont parvenus. Partout nous les trouvons en théorie, mais rarement en pratique chez les nations et entre les gouvernements actuels. Ils prétendent vouloir la paix, la liberté, l'union; ils veulent y parvenir tantôt avec la base monarchique, tantôt avec la base républicaine, et au moyen de dispositions législatives et diplomatiques dont effectivement l'objet patent n'est que la recherche des accords sociaux. Or, ces savantes théories sur le pacte social, ces nombreuses tentatives d'améliorations, chaque fois qu'elles introduisent quelque peu le bien désiré, engendrent presque toujours quelque mal jusqu'alors inconnu, à l'aspect duquel on se demande s'il n'eût pas mieux valu s'abstenir d'améliorer.

D'où vient cette constante déception? De ce que, dans l'investigation sur l'état présent des accords sociaux, la science politique, exclusivement occupée de ce qu'elle appelle les *intérêts généraux*, dédaigne trop de s'attacher à ce qui touche immédiatement les *intérêts individuels*. Elle veut que ceux-ci se sacrifient à ceux-là, tandis que l'accord consiste à faire servir les uns à la satisfaction des autres. Tant qu'on ne s'attache pas à découvrir de quelle manière doit s'opérer l'harmonique combinaison des intérêts individuels avec les intérêts généraux, on ne fait qu'organiser la duplicité et non les accords. Quand la science voudra ouvrir les yeux, elle verra qu'il faut pourvoir aux intérêts individuels par les Relations domestiques, comme on pourvoit aux intérêts généraux par les Relations politiques; et qu'il s'agit d'avancer dans les relations domestiques de telle sorte qu'elles nous fassent franchir, au-delà de notre civilisation actuelle, un pas au moins égal à celui que les relations industrielles, civiles et commerciales nous ont déjà fait franchir en nous élevant de l'état social des Eskimaux à l'état social des Français.

J'ai tracé, dans les 12 chapitres de ces aperçus, l'exposé sommaire du mode convergent des relations domestiques, ou accords des intérêts individuels. Le grand moyen de la découverte des voies d'accord est d'observer la nature : immense révélation de la pensée de Dieu, c'est-à-dire de toutes les harmonies de l'univers, la nature seule doit être prise pour guide; et dans les divers règnes de la création, elle ne fait qu'offrir incessamment une distribution parfaite en *groupes* et *séries de groupes*, se liant entre eux par une infinité de corrélations. Animaux, végétaux, minéraux, tout se classe en *groupes d'espèce*, en *séries de genre*. Ces groupes et séries se combinent par affinités et cohésion, par impulsions et répulsions, sympathies et antipathies régulières. Bien plus, tout individu créé reproduit en lui-même le tableau des combinaisons qui s'observent dans l'ensemble des êtres.

Etudiez le corps humain en état de santé : ses diverses parties, osseuses, musculaires, ses organes sensoriaux, ses viscères, ses veines, ses nerfs, ne se distribuent-ils pas en *groupes et séries de groupes* corrélatifs, se soutenant l'un l'autre, concourant à former la plus admirable des harmonies visuelles ?

Telles doivent être, en tous sens et en tous degrés, les corrélations sociales, industrielles et caractérielles : elles doivent s'établir en conformité parfaite aux lois rectrices universelles, et ces lois rectrices sont l'économie de ressorts, la justice distributive, l'unité. Si, comme nous l'avons démontré, l'impossibilité de leur application dans le morcellement est de toute évidence, est-il moins évident qu'il y a toute facilité de les accomplir dans l'ordre sociétaire que nous avons décrit ?

« Mais, objecte-t-on, cette description est insuffi-
» sante ; elle fourmille de lacunes ; vingt sujets importants
» y sont à peine effleurés ; on n'y voit pas suffisamment

» la preuve positive dont elle doit s'étayer pour donner » à nos esprits une conviction entière. »

Quelle sorte de preuve désirez-vous? Sans contredit, la première de toutes est l'assentiment général et spontané des humains, reconnaissant la complète opposition du régime morcelé avec leurs besoins et leurs vœux, et la parfaite convenance du régime sociétaire, pour leur pleine satisfaction. — Je réponds au contradicteur, que cet assentiment existe : je soutiens qu'on ne peut refuser de l'accueillir en preuve, tant qu'on ne produit pas un témoin, enfant, femme ou homme, qui, bien informé de ce qui est inhérent à chacun des deux régimes, émettra le moindre attachement pour le morcelé, le moindre éloignement pour le sociétaire ; ne s'empressera pas de s'enrôler, par égoïsme même, dans quinze ou vingt séries, où cette incompressible passion, si hideuse aujourd'hui, deviendra le stimulant le plus louable et le plus harmonique.

Trouvez, sur cent individus, un seul opposant, un seul qui refuse sa franche adhésion aux bases de répartition qui viennent d'être indiquées, et j'avouerai que ma preuve est vaine : mais jusque-là je serai fondé à ne tenir aucun compte de la prétendue impossibilité d'amener les humains au nouveau genre de vie qui leur est offert. Insistez-vous ; objectez-vous encore que l'on ne voit pas comment tous les goûts, toutes les fantaisies, jouiront de leur essor dans le régime des séries de groupes ; comment dans la *consommation* chacun ne paiera que la juste valeur des choses, de même que, dans la *production* et la *distribution*, il participera, comme je le prétends, en juste raison de ses droits légitimes? — Qu'importe en ce moment de telles conditions ? Elles ne sont nullement urgentes; les demander avant l'essai des dispositions sociétaires fondamentales, c'est demander que le fruit paraisse avant la tige, le bouton et la fleur.

Quels besoins parvenons-nous présentement à satisfaire? Presqu'aucun : il n'y a, pour les dix-neuf vingtièmes des humains, ni santé, ni richesse, ni science, ni vérité, ni bonheur. Commençons par satisfaire beaucoup de besoins, au moyen d'une première fondation sociétaire : quand elle sera en activité, c'est elle qui nous enseignera comment on parvient à ne laisser aucun penchant, aucun désir sans satisfaction.

Vous taxez d'insuffisance les données et descriptions de cet opuscule. Je contesterai d'autant moins la justesse de ce reproche, que la brièveté a été de ma part volontaire. Mon plan se bornait à des *aperçus*, et rien de plus. Ce n'est point à moi qu'appartient le rôle d'inventeur, le droit de développer, dans ses immenses détails, la science nouvelle du mouvement social, de démontrer le jeu parfait des rouages de la mécanique sociétaire. Depuis 1822, cette magnifique découverte est publiée sous le titre de TRAITÉ DE L'ASSO-

CIATION DOMESTIQUE-AGRICOLE OU ATTRACTION INDUSTRIELLE, PAR CHARLES FOURIER (1). Là se trouve à la fois, sur la question que j'ai posée, ce que peuvent désirer le plus grave penseur et le curieux le plus avide. C'est de ces volumes que j'ai extrait tout ce qui, dans mes Aperçus, est émargé du » signe des citations.

Soit qu'il veuille approfondir la science en l'étudiant dans les livres de **FOURIER**, soit qu'il se contente des données sommaires que ces Aperçus lui présentent, l'homme de bonne foi et de droit sens reconnaîtra aisément que le régime sociétaire remédie à tous les maux de notre époque, satisfait avec la plus grande facilité et de la manière la plus positive à tous les besoins individuels et collectifs.

Blasés enfin de vaines controverses politiques, les esprits arrivent aux réalités. On lit encore des journaux, mais ce sont ceux qui reproduisent les débats judiciaires. On va encore au théâtre, mais le drame en vogue est celui qui montre avec le plus d'énergie et d'éclat l'abomination de nos incohérences et collisions sociales. En effet, c'est aux audiences des tribunaux criminels, correctionnels, civils et même à celles de police simple, et sur la scène théâtrale moderne, que

(1) Paris, Bureau de la *Phalange*, rue Jacob, 54; Besançon, Bureau de *L'Impartial*, rue Neuve, 8. Cinq forts volumes grand in-12, prix 15 fr.

la vie et ses misères se font voir telles qu'elles sont dans leur vérité, dans leur état de nudité devenu si effrayant. C'est là que l'on contemple notre siècle dans sa personnification ou son type si exact, hélas ! et si honteux de *Robert-Macaire*.

Mendicité, vagabondage, fraudes, vols, banqueroutes ou faillites, rixes, émeutes, discordes matrimoniales et familiales, prostitution, viols, infanticides, suicides, meurtres, tous ces fléaux se déroulent, se multiplient, redoublent chaque jour d'intensité, et tout le monde sait que les tribunaux n'atteignent qu'une faible minorité parmi les coupables.

La loi censée en vigueur met à la charge de chaque commune le soin de pourvoir aux besoins de ses indigents : amère dérision ! Pas une administration municipale n'est en position de venir suffisamment en aide aux pauvres. Quand une ville a des hospices, le nombre des malheureux qui demandent d'y être admis est toujours excessif; souvent on le voit triple et quadruple du nombre des lits fondés pour eux. S'il n'existe pas d'hospice, la caisse du bureau de bienfaisance ou la caisse municipale offrent des ressources si exiguës, qu'à peine elles permettent quelques distributions de pain. Du pain ! non; du travail rétribué à sa juste valeur, voilà ce que réclament les indigents. Nos autorités publiques sont impuissantes à fournir du travail, et la mendicité traîne partout ses haillons.

L'ordre sociétaire offre travail, secours et avances à tous, aux enfants et aux femmes aussi bien qu'aux hommes. Il est riche en ressources. Avec lui la mendicité est impossible, car il ne laisse jamais l'indigence au-dessous du besoin, et ne saurait tolérer la dégradante et hideuse aumône, praticable dans les seules sociétés privées du sentiment de la dignité humaine.

On est vagabond quand on n'a ni famille, ni amis, ni foyer domestique, toutes choses qui le plus souvent manquent aux individus dont la capacité, la santé, le caractère naturel sont antipathiques avec les exigences de la civilisation. L'administration publique devrait, en prenant sous sa tutelle ces individus disgraciés, les soustraire aux écarts dont ils sont incapables de se garder eux-mêmes. Elle y est autant impuissante qu'à fournir du travail aux indigents. Bien plus, dans nos villes, l'organisation de la police est si incomplète, si défectueuse, qu'un homme peut y vivre longtemps inconnu de l'autorité, et n'attirer son regard qu'au moment où vient retentir le délit ou le crime auquel le dénuement qu'il endure le force de recourir pour subsister. Si le vagabond ne vit pas isolé, s'il trouve à s'affilier quelques compagnons, n'importe leur sexe, le mal empire encore, et l'émeute peut surgir avec la certitude d'avoir de nombreux acteurs.

Le régime sociétaire réunit et offre tout ce que le foyer domestique, la famille, les travaux industriels, les compagnies amicales, peuvent avoir d'attrait. En présence de ce fortuné régime, aucun homme, femme ou enfant ne saurait devenir vagabond, moins encore émeutier. Associé par goût et par instinct bien plus que par besoin et nécessité, à des compagnies ou séries nombreuses, chacun sera connu de tous. Alors il deviendrait non-seulement difficile, mais dérisoire et ridicule de tenter un rôle qui n'aurait ni but, ni possibilité du moindre succès. Il est des natures bien connues, qui ne peuvent stationner longtemps dans la même localité, quelque embellie qu'elle soit, au sein de la même société, quelque aimables que soient ses membres, quelque agréables et variés que soient ses travaux et ses plaisirs. Le régime sociétaire satisfait ce besoin comme tous les autres. Les caractères naturellement portés aujourd'hui au vagabondage, s'enrôleront dans les séries ambulantes ou caravanes, qui, pour l'utilité générale, parcourront sans cesse la surface du globe.

On ne fraude, on ne vole que par besoin, envie, fainéantise, ou par suggestion d'une éducation mauvaise. Aucun fait n'est mieux établi par les annales des tribunaux. Quand l'éducation sera bonne et qu'aucun enfant n'y échappera, quand des travaux variés, attrayants, absorberont tous les instants et toutes les pensées, quand les jouissances de chaque sociétaire seront telles qu'on n'aura point à envier celles d'autrui, quand on possédera autant de biens qu'on en pourra désirer, enfin, quand on se verra dans l'impossibilité de tirer parti ou de faire emploi de l'objet mal acquis, certes alors le larcin et la fraude n'auront plus cours, et si quelque individu vient à les commettre encore, infailliblement découvert, il sera considéré comme atteint d'infirmité morale, et soumis au traitement convenable pour sa guérison.

Les faillites ou banqueroutes sont le résultat nécessaire, inévitable de la concurrence anarchique et mensongère au sein de laquelle toute personne peut impunément spolier producteurs, consommateurs et capitalistes. L'organisation régulière du commerce extirpera dans leurs germes ces fléaux mercantiles, inhérents au régime morcelé, impossibles dans le régime sociétaire.

Tout amour-propre déçu, ou en d'autres termes équivalents, toute passion entravée est ferment de colère, et il est de la nature de la colère de se manifester en querelle et en rixe. Par le soin qu'il met à satisfaire toutes les passions et tous les amours-propres, le régime sociétaire n'extirpe pas moins les germes de collision, que par l'organisation commerciale les germes de banqueroutes. Mais une démonstration suffisante de ce fait exigerait trop de développements ; il faudrait des volumes pour l'analyse, le classement, la synthèse de toutes les passions. Nous ne pouvons les donner ici, et nous renvoyons aux traités spéciaux.

Par son expérience propre, ou pour en avoir eu constamment le spectacle sous les yeux, chacun sait la fréquence et l'intensité extrêmes des discordes entre époux, entre parents. De tout ce qui tourmente et mine l'homme, ce sont les chagrins domestiques qui lui causent les douleurs les plus nombreuses, les plus tenaces et les plus cuisantes. Est-il une seule femme, un seul homme, qui n'ait pas maudit cent fois les charges et les devoirs du ménage, les ennuis dont ils accablent, les soucis dont ils rongent? Est-il un chef ou même un simple membre de nos ménages morcelés, qui, ayant le sentiment de ces devoirs et de ces charges, ne se sente pas, le plus souvent, sans capacité ou sans volonté de s'en acquitter? Se résigner, se persuader que les choses ne peuvent être autrement, c'est-à-dire croire sottement à la perfection actuelle ou future d'un régime aussi antipathique à nos goûts et à nos vœux, c'est pis que faiblesse, c'est lâcheté, niaiserie, stupidité. Les altercations d'intérieur ont rarement des motifs graves, presque toujours leur sujet est futile. Monsieur ne trouve pas sous sa main, en bon état, le linge qu'il lui faut; il s'en plaint à Madame, et Madame s'excuse sur ce que le soin des enfants ne permet pas qu'elle songe à autre chose; mécontentement et mauvaise humeur des deux côtés. Madame voudrait sortir à telle heure: ce moment ne convient pas à Monsieur. Monsieur amène un ami à dîner et veut que l'heure du repas soit avancée : Madame, qui a disposé de ses heures pour ses visites, ses affaires, ses plaisirs, se fâche de la contrariété. De semblables scènes, répétées en mille circonstances analogues, finissent plus ou moins promptement par aigrir l'un envers l'autre les tendres époux. Pour peu qu'une disette d'argent vienne troubler ou suspendre chez eux des habitudes d'aisance, ou que de nouveaux penchants (1), de nouvelles liaisons, viennent entraîner Madame ou Monsieur à des écarts matrimoniaux, vite la séparation a lieu de droit ou de fait. Quand les époux sont dans l'indigence, il y a redoublement de causes de désordres, avec des formes plus grossières. Quand, au contraire, les époux sont opulents, les débats, sans être au fond moins acerbes et moins pénibles, quoique revêtant des dehors plus polis, sont plus scandaleux ou plus tragiques.

Soyez attentifs, multipliez vos observations : en reconnaissant que la très-grande majorité de nos ménages vit dans l'état de discorde, ce qui n'empêche nullement que, par exception confirmative de la règle générale, quelques-uns soient unis, paisibles, à peu près satisfaits, même dans un état au-dessous de la médiocrité de fortune, en reconnaissant ces faits vous re-

(1) L'amour ne peut se commander,
Mais heureux celui qui l'inspire.
(*Romance proverbiale.*)

marquerez facilement les conditions auxquelles les couples matrimoniaux les plus favorisés échappent au sort commun, atténuent autant qu'elles peuvent l'être les disgrâces inhérentes à la constitution du ménage.

Ces couples sont ceux dont les membres, ayant beaucoup d'activité naturelle et une forte propension à s'occuper d'industrie, sont absorbés par les travaux et les affaires, y vaquent avec passion, avec succès, tantôt ensemble, tantôt séparément. Si, avec cette affinité caractérielle, il y a entre les époux émulation vive pour augmenter le gain et le bien-être, si chacun concourt efficacement à atteindre le seul et vrai but du ménage en civilisation, but qui est de faire, envers et contre tous, sa fortune et celle de ses enfants, la femme, le mari, après avoir passé des heures, des jours entiers, des semaines, des mois sans se voir, sans se fatiguer l'un l'autre par cette continuité de petits détails qui suscitent la plupart à l'ennui et aux disputes, se rejoignent avec un charme nouveau, avec des dispositions toujours plus affectueuses.

Ces résultats heureux de l'activité industrielle des époux affranchis de la vie sédentaire et monotone dans laquelle deux êtres sont comme en permanence l'un devant l'autre, et qui est bien la vie de ménage telle que l'entendent, telle que l'exigent les fausses idées religieuses et morales qui règnent encore, ces heureux résultats étaient des indications lumineuses dont il y a lieu de s'étonner qu'il n'ait pas été fait profit par les gouvernements ou par les hommes qui, soit par devoir, soit bénévolement, se livrent à des recherches d'améliorations sociales.

Le régime sociétaire a pour effet de généraliser ces bons essors industriels des époux. Après leur mariage comme avant de le contracter, chacun d'eux, la femme aussi bien que le mari, continue de fréquenter ses groupes favoris, de prendre place aux tables et avec les compagnies qu'il préfère, de vivre, en un mot, de la vie du grand ménage sériaire. Assurément les époux seront libres, et plus qu'ils ne le sont aujourd'hui, de dîner ou souper en tête à tête, s'ils y trouvent leurs convenances mutuelles. Mais l'un n'aura point à se soucier de pourvoir par lui-même a tous les besoins de l'autre, et d'abord de lui préparer ses repas. On est bientôt las de ces agréables tête-à-tête, pour peu qu'ils se renouvellent chaque jour, ou plusieurs fois chaque jour, comme il est d'usage en lune de miel. La disposition naturelle à la variété des compagnies de table, de travail ou de plaisir, se fera plus vivement sentir que parmi nous, dans un ordre de choses où les cabales d'industrie et autres seront très-actives, très-entraînantes, et se traiteront habituellement pendant les repas.

Dans ce nouvel ordre, les intérêts d'un époux ne seront plus confondus ou sacrifiés aux intérêts de l'autre époux; le lien légitime les unira sous le seul rapport conjugal. Il ne nécessitera l'esclavage domestique ni de l'un ni de l'autre, parce qu'ils ne mettront point en commun ce qui de sa nature n'y doit pas être; je veux parler des travaux, des sociétés, des aliments, en un mot de tout ce qui, étant du goût de Madame, n'est pas du goût de Monsieur, et réciproquement. Chaque époux aura ses biens en propre et les administrera comme si le lien conjugal n'existait pas. On trouve juste et bon qu'une fille ou une veuve régisse ses propriétés, et très-souvent elle s'y entend mieux que l'homme. Lui enlever ce droit naturel, parce qu'elle revêt le titre de femme, est inique, et devient ridicule lorsque le mari est incapable de gérer ou dissipateur. Chaque époux dans l'association jouit de ses revenus propres, de ses gains, de ses héritages, et subvient à ses besoins personnels, comme nous l'avons exposé; ce qui ne suppose pas qu'il soit pour cela dispensé de venir en aide à son conjoint, ce qui n'empêche en aucune façon les époux d'être généreux l'un envers l'autre, de pourvoir ensemble à la partie des frais d'éducation des enfants, qui tombe à la charge des père et mère. Mais, dans tous les cas, la ruine de l'un ne pourra, ainsi que nous le voyons si fréquemment, à la honte de nos lois et de nos tribunaux, entraîner nécessairement la ruine de l'autre.

Remarquez bien qu'en tout ceci les seules choses

tenant à l'exercice de l'industrie, aux moyens individuels de subsistance, au ménage, sont en question. Il ne s'agit d'aucune atteinte portée au mariage tel qu'il est réglé par la loi religieuse et la loi civile. Ces deux lois ne s'opposent nullement à ce que le couple matrimonial achète son pain chez le boulanger, au lieu de le fabriquer lui-même, selon la coutume morale des anciens temps. Elles ne prohibent pas et ne sauraient prohiber davantage l'usage qu'adopteraient les deux conjoints de faire pour tous les autres besoins du ménage ce qu'ils font pour le pain, de préférer la splendide table d'hôte aux compagnies nombreuses, à leur table exiguë et chétive de deux couverts, de travailler chacun de son côté, aux choses et aux ateliers qui lui plaisent le plus, régir l'emploi de son gain ou bénéfice comme il régit son travail, etc., etc. Déjà dans les grandes maisons, les époux opulents jouissent de revenus, et ont des appartements distincts pour chacun d'eux; dans quelques-unes ils mangent à des tables séparées, selon l'usage général de l'orient. A l'autre extrémité de l'échelle des fortunes, dans les bagnes industriels qu'on nomme grandes manufactures, on voit aussi les époux, vaquant à des occupations différentes qui les tiennent éloignés l'un de l'autre, prendre chacun sa pitance à la cantine. Ils ne se réunissent que lorsqu'il y a convenance pour eux, sans que le curé, seul chargé de veiller aux bonnes mœurs, y trouve et puisse y trouver à redire. Il s'agit donc moins d'innover en choquant les idées reçues, que de généraliser, en les régularisant et améliorant, des coutumes admises partiellement aujourd'hui, et dont il est évident que la pratique ne comporte aucun danger, ne saurait qu'être éminemment avantageuse.

Naguère les tribunaux retentissaient des procès Georges Sand et Flora Tristan. Tous les esprits éclairés et généreux étaient attentifs à ces débats qui inspiraient un vif intérêt. De quoi s'agissait-il? Madame Dudevant (Georges Sand) avait de la fortune et ne refusait point d'en faire part à son mari, qui en était dépourvu; mais le mari trouvait toujours la part trop faible. Il avait la prétention que l'esprit supérieur de Georges Sand s'humiliât devant ses droits d'époux; il exigeait que *sa femme* lui fût soumise comme une sorte de propriété à lui acquise dont il pouvait à son gré faire usage et abus. Les tribunaux, quoique composés exclusivement d'hommes la plupart mariés, n'ont pas trouvé que le Code, dont pourtant l'esprit et le texte sont fort médiocrement favorables et justes à l'égard de la femme, la ravalât jusqu'à cette abjection. Ils ont mis fin aux sévices du mari en prononçant une séparation de corps.

De son coté la Cour d'assises a condamné le mari de Madame Flora Tristan, qui avait tenté de la tuer d'un coup de pistolet, et n'avait réussi qu'à lui faire une blessure très-grave, pour la punir de ce qu'elle ne voulait pas partager la misère dont il était accablé.

Supposez un moment que ces quatre époux eussent vécu dans l'ordre sociétaire, les causes de l'emportement des maris et les moyens auxquels ils ont eu recours pour se satisfaire n'auraient pu se produire. Quand les femmes restent indépendantes sous le double rapport industriel et domestique, l'idée ne saurait venir aux maris d'exercer envers elles une tyrannie alors impraticable et d'autant mieux sans but qu'ils sont, eux, sous les mêmes rapports, à l'abri de tout besoin. Et des deux parts aucune atteinte n'aurait été portée aux choses dont se constitue essentiellement le mariage, pour la perpétuation des familles.

Autant l'aisance, l'indépendance industrielle et domestique généralisées, prémuniront les époux contre les discordes aujourd'hui permanentes entre eux, autant elles seront efficaces pour prévenir la prostitution. Du moment où le travail devenu attrayant et lucratif mettra la femme au-dessus du besoin, lui garantira un sort avantageux et honorable, il sera bien réduit le nombre des femmes disposées à se vendre à tout venant. Ce commerce abject n'aura plus cours alors, et la femme rentrant dans la dignité qui lui est naturelle et qui lui sied si bien, commandera la décence des amours, ne souffrira en amour que les relations désintéressées.

Quand tous les individus, cessant de vivre dans l'isolement, circulant sans cesse au sein des groupes et séries de l'association intégrale, seront absorbés par les travaux, les affaires, les plaisirs variés à l'infini, et se succédant avec rapidité, les idées criminelles de viol, de *puérogamie*, si elles se produisent encore chez quelques-uns, deviendront nécessairement très-rares, et les occasions de les satisfaire seront plus rares encore.

L'ordre sociétaire ne comporte ni infanticides, parce qu'il ne laisse aucune chance de dissimulation d'une grossesse, et adopte tous les enfants dont les mères et pères ne se chargent point eux-mêmes; ni suicides, parce qu'il fait vivre chacun de la vie qu'exige son caractère et son tempérament propre; ni meurtres, parce qu'il empêche de naître tout motif de haine, de vengeance ou de cupidité, seuls mobiles qui poussent à ces crimes. Mais pour apprécier avec justesse la pleine efficacité du régime sociétaire contre ces fléaux, viols, infanticides, suicides, meurtres, il est indispensable d'avoir acquis dans la science créée par FOURIER une connaissance suffisamment approfondie de la théorie des passions.

Loin de nuire aux relations familiales, de les rompre, ou seulement d'en atténuer la fréquence et le charme, le régime sociétaire ne fait que les favoriser. Dans le morcellement, si la mère alaite elle-même son nouveau-né, il faut qu'elle soit riche pour pouvoir se ménager des instants de repos, en confiant quelques fois le nourrisson à des mains habiles et soigneuses. Le dévouement maternel est un don admirable de la divinité; il fait surmonter les fatigues et les dégoûts les mieux motivés; mais toutes les femmes n'en sont pas douées au même degré; la plupart hésitent peu à s'affranchir, quand elles en ont la faculté, du fardeau des premiers mois de la vie de l'enfant. On le met donc en nourrice dans un lieu éloigné, où la mère et le père vont rarement le visiter. Rentré, après son sevrage, au ménage maternel, le petit est caressé, gâté, fustigé, seuls moyens de première éducation connus, praticables et usités dans la presque totalité des familles. Elles aspirent au moment où leur rejeton pourra être placé en pension ou au moins envoyé à l'école. Les pères et mères se séparent alors une seconde fois de leur enfant, sont privés de ses caresses et de lui prodiguer les leurs. Quand l'éducation intellectuelle est finie ou censée l'être, troisième séparation : l'adolescent va loin de ses parents faire un apprentissage et exercer sa profession. Il se marie, quatrième séparation, plus exigeante et de plus longue durée que les autres. Et depuis sa naissance l'enfant a vu ses intérêts en opposition avec ceux de ses père et mère. Longtemps les dignes auteurs de ses jours ont trouvé qu'*il leur coûtait trop*, et à son tour, par réciprocité, il trouve que leur héritage se fait attendre trop longtemps.

Voilà ce qu'est en général, dans le régime morcelé, le mouvement des familles. Dans le ménage sociétaire, soit qu'elle nourrisse ou ne nourrisse pas elle-même, la mère ne perd jamais de vue son enfant, soigné par les séries spéciales qui se chargent de ce service; les pères et mères ont constamment leurs fils et filles sous les yeux pendant que leur éducation se fait dans les séries diverses de travail et d'enseignement, et lorsqu'ils vaquent à leurs occupations industrielles. Le mariage même ne sépare point les membres de la famille. Ils ne cessent de se voir que lors des voyages, et souvent ils voyagent ensemble. On a vu comment, dans l'ordre sériaire et dès l'enfance, tout individu a par le travail ses moyens de subsistance assurés, sans que ses père et mère aient à s'en occuper beaucoup. Ils peuvent se borner à lui faire quelques cadeaux. Ne manquant d'aucune des choses qui leur sont nécessaires ou agréables, vivant dans l'aisance et l'insouciance, les héritiers présomptifs sont plus intéressés à attendre longtemps une succession, qu'à la recueillir dès leur jeunesse, car plus ils l'auront attendue, plus elle sera considérable. Un enfant en bas âge à qui arrive un héritage, ne profite qu'en *cumul simple* des fonds gérés par les séries de tutelle, tandis qu'il y a *cumul composé*, quand ceux dont on doit hériter ajoutent successivement au dividende du capital, leurs dividendes de travail et de talent.

On ne saurait trop s'attacher à ce fait qu'ainsi que nous le démontrons, toutes les améliorations sociales proposées sont le développement naturel et facile des bons germes offerts par l'état actuel des choses. Il s'agit simplement de substituer au petit ménage morcelé, incohérent, ruineux, le grand ménage économique, combiné, unitaire. Cette substitution n'exige aucune destruction révolutionnaire de ce qui est. Le ménage du célibataire, garçon ou fille, comme celui du couple marié, a pleine liberté de se maintenir; à côté de lui s'élèvera le ménage sociétaire, nombreux, perfectionné, confortable, véridique, libre, et chacun pourra choisir entre les deux modes, entre l'exigu et le grandiose, le morcellement et l'association. De tout temps les avantages des grands ménages ont été connus. Pour ne parler que des monastères, on les a vus, on les voit encore dans certains pays, gérer les maisons les mieux tenues, les plus belles cultures, les affaires les plus prospères. On y vit dans l'abondance et dans l'insouciance. Si aux avantages qu'ils garantissent sous le rapport de la stabilité pour ce qui touche à la vie matérielle et religieuse, les couvents savaient réunir des conditions favorables à la liberté, à la vie de famille, aux essors passionnels, à la grande activité de l'industrie, bientôt on les verrait tout absorber, opérer eux-mêmes la grande rénovation sociale. Mais alors les monastères cesseraient d'être des *communautés*, rien n'étant plus que la communauté opposé à l'*Association*.

La vibration des accords sociaux court entre deux points extrêmes, l'un fixé dans l'état inférieur du plus grand morcellement, l'autre dans l'état supérieur de la plus grande combinaison en exercice de l'industrie. Plus on s'éloigne du mode sociétaire intégral qui constitue le point culminant de combinaison, plus on s'enfonce dans le Mal. Réciproquement, plus on se rapproche du mode sociétaire intégral, et plus on incline vers le Bien. Telle est la vérité fondamentale de la théorie d'attraction industrielle. Ne pas convenir de cette vérité, c'est se mettre en contradiction jusque dans les termes, car c'est ne pas convenir que les dissensions et les guerres sont l'effet inévitable des divisions accidentelles ou persistantes entre les nations, les communes, les familles et les individus.

La première condition de la tendance au mode combiné ou sociétaire, est la reconnaissance des vices innombrables du mode conflictif ou morcelé actuellement régnant. J'ai fait voir, d'après Fourier, quelle était l'origine de ces vices. La cause évidente de leur ténacité a été déduite de la contradiction perpétuée des intérêts individuels.

J'ai ensuite rapporté les lois de la convergence harmonique des intérêts individuels, à une organisation sociétaire COMPLÈTE, embrassant toutes les exigences de la vie humaine; se coordonnant en parfaite analogie avec les harmonies régulatrices des créations; assurant l'économie de ressorts, la justice distributive, l'unité.

Voilà la thèse dont le développement suffisant et les preuves ultérieures sont présentés dans l'œuvre si grandiose de Fourier. Puissent mes rapides aperçus concourir à en rendre la haute importance palpable aux doctes et aux simples.

Dans son BULLETIN UNIVERSEL, cahier de février 1824, en rendant compte du livre de Fourier, le Baron de Férussac émettait la crainte que, « dans l'état politique actuel, la fondation sociétaire ne fût exécutable nulle part, et moins encore en France qu'en Angleterre. » Les raisons ne manquaient pas pour voir dans cette opinion une simple méprise. L'ouvrage de M. le Comte de Laborde, sur l'esprit d'association, était alors en vogue. Il se bornait à spéculer abstractivement sur les grandes corporations qui déjà parviennent à garantir, plus ou moins, quelques intérêts collectifs et individuels; s'il eût étendu ses vues à tous les besoins sociaux sans exception, en indiquant les moyens que l'association fournit pour les satisfaire tous, M. de Laborde, A LUI SEUL, aurait décidé en FRANCE MÊME, la prompte réalisation d'une épreuve sociétaire. Son nom inspirait une grande confiance; ses amis étaient puissants; ils avaient cent fois plus de capitaux et de crédit qu'il n'en fallait pour cette belle entreprise, la plus honorable, la plus lucrative et la plus sûre qu'il soit possible de concevoir.

Tout consiste dans la formation d'un seul GRAND MÉNAGE SOCIÉTAIRE, tel qu'il a été décrit dans ces aperçus; s'il réussit, comme on n'en peut douter, dès le lendemain tous les villages avoisinants, convaincus de l'excellence des séries industrielles et de leurs combinaisons, s'empresseront de se créer les mêmes avantages, de jouir du même bonheur, et de proche en proche l'organisation sociétaire se propagera avec rapidité sur toute la surface du globe.

Il ne s'agit que de rédiger et publier un projet régulier, complet, puis de former une compagnie par actions, dont le but sera de fonder en régime sociétaire, une réunion de cent familles au moins, trois cents au plus, pour l'exploitation agricole d'un tiers de lieue ou d'une lieue carrée de terrain, avec gestions manufacturières et commerciales.

Qu'un personnage considéré, influent et suffisamment riche, se déclare chef de l'entreprise; qu'après avoir fixé le taux des actions à 3,000 ou 5,000 fr., il prenne les sept premières; qu'il fasse goûter son plan à ses amis intimes, confie l'affaire à d'habiles courtiers, enfin agisse pour le succès ainsi que l'on agit pour toute autre entreprise analogue dont chaque jour nous voyons la réussite, et tous les obstacles prétendus disparaîtront.

Le projet de loi de remboursement ou de réduction des rentes sur l'État a prouvé qu'il y avait foule de capitalistes cherchant où placer avantageusement leur argent. (1) Hésiteront-ils à reconnaître qu'une exploitation à la fois agricole, manufacturière et commerciale, est le mode de placement le plus naturel et le plus avantageux ? Organisée aux termes des statuts dont j'ai reproduit le projet ; perfectionnée par un règlement intérieur calqué sur les dispositions décrites dans les cinq derniers articles de ces aperçus, et restreinte pour la facilité du début, ainsi que je l'ai indiqué, cette entreprise hypothéquera toutes ses propriétés mobilières et immobilières pour sûreté des avances qu'elle aura reçues : de cette sorte elle garantira pleinement les fonds de ses actionnaires.

L'opinion favorable aux grandes entreprises fait chaque jour des progrès : comment, dans un temps où quelques banquiers de Francfort, Londres et Paris, offrent à la France trois milliards et demi pour l'amortissement de sa dette publique, manquerait-on à trouver, dans notre capitale ou même dans chacune de nos provinces, une trentaine d'imitateurs qui créeraient de la même manière trois cent mille fr., et au besoin trois millions, pour une spéculation bien évidemment

(1) Écrites en 1824, ces lignes sont encore pleinement opportunes en 1839.

aussi sûre, aussi avantageuse que les engagements si chanceux des ministères qui se succèdent chaque année.

Peu au courant des progrès journaliers que font les sciences économiques, les arts industriels et l'esprit d'association, quelques lecteurs inclineront peut-être à douter de l'exactitude de mes assertions sur la direction actuelle de l'opinion publique en faveur des grandes entreprises, quand surtout elles tiennent à des nouveautés du genre de celle que je propose.

Dans ses livraisons d'avril, mai, juin, juillet 1824, la *Revue encyclopédique* recommandait une foule d'innovations importantes, les unes en projet, les autres en cours d'exécution, qui toutes se rattachent à l'objet de nos aperçus, et sont, certes, dignes de la sérieuse attention des esprits méditatifs.

Le cahier d'avril contient l'annonce du *Catéchisme des industriels*, par M. Saint-Simon. Le système de cet écrivain est hardi. Il ne craint pas de demander nettement qu'un régime olygarchique de chefs d'exploitations rurales, chefs de manufactures, de maisons de commerce, etc., soit substitué au régime *gouvernemental.* Ainsi, dit-il, les peuples s'administreraient enfin eux-mêmes; on ne ferait plus, de la gestion de leurs affaires, le privilége d'un petit nombre d'intrigants qui, n'aspirant uniquement qu'à jouir des traitements et honneurs attachés aux emplois publics, sont d'ordinaire les plus inhabiles à gérer les intérêts des peuples.

Dans le cahier de mai, M. Sismondi établit, avec une grande force de logique, en traitant de la balance des consommations avec les productions, qu'il n'est plus tolérable de rester, ainsi que nous le sommes, en retard dans la carrière sociale, tandis que le monde fait de si grands pas dans la carrière industrielle. « Chaque jour, observe-t-il, nous remplaçons des millions de bras par des mécaniques à vapeur perfectionnées et par cent autres inventions. Chaque jour des populations entières sont de cette sorte destituées du travail habituel qui assurait leur subsistance. Cet effrayant mal-être du corps social est irréfragable et s'aggrave de plus en plus.

M. J.-B. Say a répondu à M. de Sismondi. Avec sa précision habituelle, M. Say prouve que si les inventions nouvelles occasionnent toujours quelques froissements d'intérêts pour un grand nombre d'ouvriers et d'entrepreneurs, ce mal-être n'est que momentané : l'équilibre se rétablit bientôt, et le perfectionnement des méthodes de fabrications ne manque jamais de tourner au profit de toutes les classes, d'augmenter l'aisance et la prospérité des familles.

Les noms de MM. Say, de Sismondi, Saint-Simon, sont bien connus. La *Revue encyclopédique* préconise ces écrivains, dont les adhérents sont nombreux. Cependant on est encore loin d'aborder la difficulté. Le *Catéchisme des industriels*, si ses plans étaient adoptés, ne ferait qu'entraîner le déplacement vexatoire des hommes en possession de fonctions publiques, et empirer le sort déjà si abject des classes ouvrières. Ce n'est point de cela qu'il s'agit; mais de substituer, sans froissement et pour toutes les classes, la richesse à l'indigence, la vérité à la fourberie, l'indépendance à l'oppression. Quant aux théories sur la balance des consommations avec les productions, elles se bornent à signaler la nécessité des froissements d'intérêts dans l'état actuel de la société, sans rien statuer sur ce qui préviendrait ou neutraliserait ces froissements.

Mais on n'est pas moins fondé à conclure que les auteurs de tant de dissertations, les rédacteurs des divers journaux ou revues et leurs lecteurs, sont de fait incités à goûter le mode sociétaire, dont l'introduction comblerait tous les vœux.

A la vérité, la théorie du mode sociétaire n'obtiendra une foi entière qu'après avoir été confirmée par la preuve expérimentale, preuve qui ne peut se réaliser sans une avance d'un million de francs, plus ou moins. C'est encore dans la *Revue encyclopédique*, cahier de juin, que l'on voit avec quelle facilité se trouvent de telles avances: il a suffi de quelques jours pour remplir une souscription de 4,800,000 fr. destinés à la construction d'une route à voitures sous la Tamise, à sa sortie de Londres; une autre souscription de 78 millions doit servir à établir des chemins de fer; une autre encore établira des paquebots communiquant en 35 jours de Londres à Bombay, etc. Dans toutes ces entreprises, les chances de perte égalent à peu près les chances de gain. Qu'un accident imprévu et insurmontable survienne dans l'excavation sous la Tamise, dès l'instant les capitaux dépensés jusqu'alors tombent en pure perte. Certes, il n'y a nul risque de ce genre dans la fondation d'un établissement sociétaire économique, devant cultiver, manufacturer et commercer.

Dire que les grandes entreprises se font en Angleterre et non en France, c'est offenser à la fois la vérité et la patrie. De tous côtés, sur le sol français, des ponts magnifiques s'élèvent, de longs canaux se creusent, de grandes usines sont mises en activité, des flotilles couvrent les rivières. Les monuments de Paris s'achèvent; de vastes chantiers de construction animent la plaine de Grenelle, aux portes de la capitale. Le moment n'est-il pas venu de venger la nation du reproche de légèreté et d'inconséquence que l'étranger s'obstine à lui répéter ?

Les Français ne resteront point en arrière, après avoir tant promis au monde. Tandis qu'ils se sont vantés de le régénérer, la corruption n'a fait que s'accroître. Une grande occasion se présente, sachons la saisir;

forçons le monde de convenir que le Français tient sa parole, sait être en effet le véritable promoteur des nouvelles destinées de la terre.

FIN.

TABLE DES MATIÈRES.

BESANÇON, IMPRIMERIE DE L. SAINTE AGATHE.

www.ingramcontent.com/pod-product-compliance
Ingram Content Group UK Ltd.
Pitfield, Milton Keynes, MK11 3LW, UK
UKHW021925230726
13925UKWH00007B/498

9 782013 700436